JN012334

財務報告の再検討

基準・規範・制度

Rethinking Financial Reporting :
Standards, Norms and Institutions   by Shyam Sunder

シャム・サンダー 著

徳賀 芳弘 ・ 山地 秀俊 監訳

工藤 栄一郎 ・ 大石 桂一 ・ 潮﨑 智美 訳

税務経理協会

Shyam Sunder (2016), "Rethinking Financial Reporting: Standards, Norms and Institutions", Foundations and Trends® in Accounting: Vol. 11: No. 1–2, pp. 1–118.
http://dx.doi.org/10.1561/1400000034
© 2016 S. Sunder

日本語版序文

　時間や空間の境界をほとんど重視しない自然科学とは異なり，社会科学はその両方に依存する。私たちが社会領域で観察するいかなる規則性も，その予測能力と実践的な適用可能性という点では，力学・電気・音の法則に比べて，限定的で，ノイズの多いものとなる傾向がある。さらに，社会科学の規則性は，そのような現象の再帰性によって自らの発見に対する頑健性が奪われてしまうために，しばしば不安定なものとなる。

　専門家による実践である会計は，様々な自然科学や社会科学の要素に基づくだけでなく，ビジネス界の実務的な解決すべき課題をも取り扱わねばならない。これらの課題は共通の要素を持っているかもしれないが，時と文脈によって異なる社会，産業，ビジネス，および組織の環境によっても特徴づけられる。このような理由から，会計の一般的な理論を構築するという試みは，抽象的には称賛される学術作業であるかもしれないが，その説明力や予測能力には必然的に制約が伴う。

　工学や医学の専門家の実践を大まかに見るだけでも，会計に関するより良いパースペクティブを得るのに役立つだろう。医学，つまり西洋医学，中国医学，インドのアーユルヴェーダおよびユナニ医学，その他の医学も，1世紀前までは科学ではなく，経験に大部分基づいていた。解剖学にルーツを持つ外科手術はそれらよりも科学的であったとはいえ，19世紀後半に細菌についての理解が深まるまで感染症には手を焼いていた。伝統的な医学のシステムは，その有効性に対する人々の信頼と何世紀にもわたる経験に支えられていたが，現代の医学であっても少しもその域を脱していない。プラシーボ（偽薬）効果は医学において確立された1つの事実であり，主治医に対する患者の信頼が医療効果を決定づけるのに役立っている。

　同様に，現代の工学は科学的な支えなしにほぼ機能できないが，石器，武器，避難壕，橋などを作った太古の人びとは，それらの原理についての知識をほとんど持っていなかった。機械学は，力学という科学から発展し，工学の原理を

生み出し，経験，観察，実験を組み合せて，現代の生活の多くを可能にする機械を設計するのに役立った。工学の他の側面についても，同様のことが言える。

　医学と工学においては，専門家だけでなく専門家以外の人々でも，目に見える明らかな進歩を実感することができる。このような実践的な問題に関わる研究—大学における研究を含む—は，人類の厚生に対するよく知られた貢献をなすとともに，イノベーションの最先端に存在し続けている。当然ながら，多くの国々の政府や納税者は，公共財を生み出す研究に対して財政支援を手厚く行っている。例えば，農業，酪農，心臓病，HIV，飛行機，コンピュータ，携帯電話の研究を通じて，貴重な知識が得られてきたのである。

　会計研究の成果は，類似の専門家の実践に対する研究の貢献と比較して，どれほど期待に応えているのだろうか。もし期待に応えていないのならば，その理由は何か。資金・アイデア・想像力の不足，方向性と目的の誤り，関心と能力の欠如など，いくつかの可能性が考えられる。

　あらゆる分野の研究努力は，その関心を学問分野内部の（方法論，データ，構造，普及などに関する）問題と，その外部の（実世界の課題に対処する）問題の両方に向けている。前者は，持続可能かつ再現可能な発見を支えるために重要であるが，専門家でない人々にはほとんど知られていない。後者は，専門家でない人々が属するより大きな世界が見ているもの，気にかけているものである。さらに，前者は検証が容易な内部の基準で評価される一方で，後者の評価はより煩雑で，長い時間がかかり，時には何世代にもわたって論争が続くこともある。例えば，所与のサンプルのなかでのデータの変化に対して，モデルAとモデルBのどちらがより高い説明力をもたらすかを決定するのは容易である。対照的に，政策Aと政策Bを実施した際の社会の厚生に対する効果を評価することは，特に政策が将来に実施されるときには（通常はほとんどの場合はそうである），はるかに困難である。

　大部分の会計研究は内部の問題に関心があり，外部の問題は，放棄されてはいないにしても，無視されていると言ってもよいであろう。それは，医学研究者が血液がんの治療法の発見ではなく，実験室をより清潔に保つ方法の開発に

力を入れたり，エンジニアがきれいな飲料水の提供ではなく，より精密な測定機器の開発に専念したりしているようなものである。もちろん，清潔な実験室と正確な測定機器がなければ，医学や工学の研究は進歩しないが，世界はその努力を外部に対する成果によって判断しているのである。

　本書『財務報告の再検討』は，会計研究コミュニティの関心を，いくつかのより大きな会計問題へとシフトしようとする１つの試みである。これらの会計問題には，内部の問題と外部の問題の両方が含まれる。本書が，会計研究が社会に対して，より価値のある貢献をもたらすのに役立つことを願っている。

　京都大学の徳賀芳弘教授と山地秀俊教授のリーダーシップに，深く感謝している。彼らは，この翻訳プロジェクトを提案し，コンセプトを練り，実行に移し，慎重なレビューを何度も行い，そして本書の日本語版の出版を実現してくれた。2018 年夏の１週間にわたる京都大学訪問のあいだ，工藤栄一郎先生（西南学院大学），大石桂一先生（九州大学），潮﨑智美先生（九州大学）と緊密に作業をする好機を得た。彼らは，日本語版に翻訳する過程において生じた，本書の様々なフレーズや段落の背後に意図された意味についての質問の長いリストを用意してきた。３人との対話は間違いなく，明確な文章を書くことの重要性と，社会科学の見解を言語間で厳密に比較可能にすることの困難性を認識させたという点において，私にとって貴重な教訓であった。さらに，他の多くの著名な学者や実務家と同様に，私も原典を注意深く吟味することなく，本書の中で誤った推論や記述を行っていることが明らかになった。幸運なことに，彼らが辛抱強く苦心して翻訳作業を行ってくれたために，精査の恩恵を受けずに書いていたオリジナルの英語版よりも，日本語版をより良いものにすることができた。彼らの努力の成果を日本の研究者や学生が利用できることを光栄に思う。最後に，本書の日本語版の出版を許可してくれた Now 出版社の Zac Rolnik 氏に感謝する。

シャム・サンダー
2020 年 5 月 1 日　ニューヘブンにおいて

監訳者前書き

　著者のシャム・サンダー（Shyam Sunder）先生が，井尻雄士先生のカーネギーメロン大学産業経営大学院での弟子であったというご縁もあって，監訳者の1人である山地は，先生と30年以上のお付き合いをしていただき折に触れ議論もしていただいている。他の監訳者・翻訳者もサンダー先生とのお付き合いは長い。しかし，我々がサンダー先生に注目している理由は，先生が経済学においても会計学においても一線級の業績を出しておられるということ，したがって経済学の立場を提示しながら会計学を説く稀有な存在であるという点である。多様な知識から結実している先生の会計学や実験経済学におけるアイデアを限られたスペースで纏めることは不可能であるが，それを承知で読者が本翻訳書を理解する上での参考になればと以下であえてチャレンジしてみる。

　先生の基本的な問題意識は，通常の経済学とは少し異なった学説を展開したハイエク（F. Hayek）やサイモン（H. Simon）によって影響を受けている。アロー（K. J. Arrow）がいみじくも言うように[1]，通常の経済学の方法論的個人主義の分析では経済的相互作用のすべての事象を個々人の行動に基づいて説明する必要がある。そしてそれがすべて合理性で説明されるべきだが，実際には個々人の行動には合理性では説明できないことがたくさん観察される。それに注意を向けてきた研究者としてハイエクとサイモンが挙げられる。ハイエクは人間の無知を認識すべきと説き，人間が従うべき秩序の長期的成長を可能にする「拡張した秩序」を重視する。サイモンは人間の合理的知識には限界があり（「限定合理性」），人間は満足化仮説に基づく行動原理を採ると説く。そうした拡張した秩序や満足化仮説に基づく行動原理は制度や慣習として立ち現れて我々の行動を導き，意味は多様だが社会的合理性へと結実させるのだと教える。サンダー先生の出発点もおそらくこうした発想に依っている。したがって，人間が比較的短期間のうちに合理的・意識的に制度を設計して，経済社会をうま

---

[1] Arrow, K. J. (1994) Methodological individualism and social knowledge. *American Economic Review*, 84(2), 1-9

く運営するという発想には与しない。本著でも目先の短期的な設計で会計制度を朝令暮改する構築主義的会計理論とそれに与する政策立案者には批判的な態度を採る。創発特性を持った長期的な慣習による会計制度こそより良い会計制度であるという考えがある。しかし，主流である構築主義的会計理論および実証研究で出てきた帰結にも配慮して，両者の最適な組み合わせによって，より良い会計報告制度ができるのではないかと結論しているように思われる。

　蛇足ではあるが，数あるサンダー先生の注目すべき会計学以外の業績の1つに「ゼロ・インテリジェンス・トレーダー」というアイデアがある[2]。1960年代よりなされていた，市場は合理的人間を想定しなくても，模索過程（tatonnement process）を想定しなくても均衡するという，ミクロ経済学上の個別の議論を，同時に実験的に説明すべく，当該アイデアを提示した。過去の取引記憶がなくても予算制約だけ守って取引するPCプログラムのゼロ・インテリジェンス・トレーダーを使って合理的市場均衡の可能性を提示した。このゼロ・インテリジェンス・トレーダーもまた無知で合理的知識に限界のある人間という問題意識によって作り出されたアイデアであると考えられる。

　監訳者の1人である徳賀に対して，もう1人の監訳者である山地秀俊教授が本書の翻訳をしようという誘いをかけた際に，徳賀は，今日のように翻訳ソフトの水準が非常に高くなっている状況下，英語の文献を翻訳し出版することに意味があるのか，また，アナロジーや隠喩を多用されるサンダー先生の文章は原文のままで読んでこそ，その微妙なニュアンスやシニカルな指摘が理解できるのではないかという疑問をもった。ところが，あまり時間をおかずして，徳賀に3人の教え子から，「本書は素晴らしいので，翻訳を出したい」との報告があった。偶然とはいえ，ほぼ同時期に同じ著書の翻訳の話が徳賀に届いたのである。

---

[2] Gode, D. K. and S. Sunder (1993) Allocative efficiency of markets with zero-intelligence traders: Market as a partial substitute for individual rationality, *Journal of Political Economy*, 101(1)：119-137.

疑問を持ちつつ，徳賀は３人から送られてくる翻訳とサンダー先生の原文を突き合わせて読むという作業を幾日か続けた。しかし，作業が進むにつれて，また理解が進むにつれて，本書の素晴らしさを実感せざるを得なかった。わずか 100 頁超の本書に凝縮された形で鏤められている，サンダー先生の会計基準・会計規範に関する知見の深さ広さと現状への憂懼の強さに圧倒され，本書をできる限りサンダー先生の意図どおりに翻訳して世に伝えたいという気持ちに変わった。

工藤栄一郎教授，大石桂一教授，潮﨑智美准教授の翻訳者３人は，本書を正確に理解し訳すために，膨大な時間を費やして，本書に書かれていることの数倍・数十倍の書物・資料を読み込んでくれた。原書を読まれた人が，部分的に話が飛んでいるかのように感じたり，モザイク感を持ったりしたとすれば，それはサンダー先生がすべてを書かれていないからである。サンダー先生にとって所与であることは我々にとって必ずしも所与ではない。先生が用いられている，あるいは言及されている専門用語から見ても，実験経済学，新古典派経済学，制度派社会学，心理学，政治学，行動経済学，新しい経済社会学等と幅広く各領域の成果が取り入れられており，さらに言えば，本書が公表された当時にはその分野でまだ明確な地位を獲得していなかったが，その後に脚光を浴びて注目されるに至った学術的知見も多数利用されている。つまり，原書の訳者も読者もそれらにある程度精通していなければ文脈が理解できないし，正確に訳すこともできないのである。

そのような理由から，本書には，かなり詳細な解説訳注をつけている。歴史的な，あるいは理論的な文脈の理解が困難なところや，読者の多くにとって所与ではないと思われる専門用語に対して，説明を追加している。解説訳注は監訳者・翻訳者の５人で分担した。また，サンダー先生が日本語版序文でも書かれているように，翻訳作業中にサンダー先生と我々の間で議論を行った結果，サンダー先生が内容や表現を修正された箇所が複数ある。それゆえ，英語版と日本語版では同一ではない部分があることをお断りしておきたい。

本書には，様々な読み方があり得るし，得られる知識・理解も読者によって

様々であろうが，もし読者が本書からなんらかの有益な示唆を得られたとしたら，それは生活の多くを犠牲にして翻訳に取り組んでくれた3人の訳者の貢献であり，もし翻訳上でミスや理解困難な部分があれば，それらを見つけることのできなかった監訳者の責任である。

　我々は，学者のみでなく，経営者，公認会計士，さらに会計基準設定主体や規制主体に関わるすべての人に，本書の一読を強くお薦めしたい。

2021年3月1日

徳賀芳弘

山地秀俊

目　次

要　約

　80 年以上前に米国で連邦証券諸法が成立して以来，企業，政府機関，および非営利組織の財務報告を規制によって改善しようとする多くの努力が行われてきた。それにもかかわらず，財務報告が改善したという証拠や，誤謬あるいは意図的な不正による不適切な財務報告が減少したことを示す証拠はきわめて少ない。このような経験に鑑みれば，我々が「より良い財務報告」という言葉を使うとき，それは果たして何を意味しているのか，我々は改善に向かって進んでいくためのプロセスをどのように明確化し，それを実行していくのか，といった点を探求してみるのは有益であるかもしれない。前進するためには，進むべき道についての幅広い合意が必要なように思われる。

　現行の支配的な実務を，安定的で緩やかなプロセスで徐々に調整しつつ長期的にシフトさせていくような制度を作り，それを維持していくことは，より良い財務報告環境を生み出すのに役立つかもしれない。このアプローチは，新しいルールを発行することで財務報告を改善しようとする方向性とはかけ離れている。このようなルール重視の方向性は，しばしば実務からの教訓を無視し，過去 1 世紀にわたって財務報告に混乱と失敗をもたらしてきた。会計処理の対象となる取引は絶えず新しいものが考案されてくるが，そうした取引のイノベーションに対して新しいルールを公表することで対応しようと努力するほど，より多くのイノベーション，不実開示，および不正が生まれるという一連のサイクルを増幅させてしまうのである。ルールを明文化するために大量の資源が費やされ，またそのことに多くの関心が払われてきたが，その結果，良い判断に対するプロフェッショナルとしての責任や，実務と実用性への敬意が減退してしまった。本書では，会計ルール設定機関が活発にルールを発行しようとするのを抑制することによって，トップダウンで明文化されたルールと，企業実務および会計実務の中に反映されている創発的な社会規範との間で，より良いバランスをとるという課題について論じる。より良い社会規範を創り出すことができるのか，それはどのようにして可能になるのかを探求していくが，そこから得られる示唆は，現時点ではまだ暫定的なものにすぎない。

Samuel Johnson は言語の征服者としてではなく，それが実際にはいかに征服できないものであるかを最もよく知る人間として辞書を刊行した。

Verlyn Klinkenborg［2005］

会計のルールが論理よりもむしろ経験の産物であることは，法律のルールについてよりも，いっそう顕著である。

George Oliver May［1943］
（木村重義訳）

共通のグローバル・スタンダードというのは，たとえこの言葉が同一の基準を意味しているように読めたとしても，それは幻影にすぎず，達成不可能な目標である。しかしながら，類似した目的を達成すべく，また類似した問題に効果的な方法で取り組むべく努力することは，現実的な目標である。

Richard Breeden（元米国証券取引委員会委員長）
Fingleton and Schoenmaker［1992］所収

第 1 章

序

　良い財務報告体制（a good financial reporting regime）の特性はどのような
ものか，あるいは，どのようなものであるべきか。財務報告書は，期待の相対
立する，多くの主人（master）に仕えている。権力を持つ側の人間は自分たち
の個人的な利益を最優先に考えがちである。良い財務報告体制は，それが持つ
多くの機能，特徴，および構成要素について創造的に交渉されたトレードオフ
（creatively bargained trade-offs）の結果である可能性が高い。

1-1　属性，目標，および実務

　より良い財務報告を定義するうえでのアプローチには，大きく分けて，属性，
目標，および実務に基づく３つのアプローチがある。第１のアプローチは，良
い報告が備える属性を明らかにすることである。このアプローチにおいて，
真っ先に思いつく属性は真実性である。そのほかに，判断を伴う属性としてよ
く挙げられるのは，比較可能性，保守主義，首尾一貫性，コスト／ベネフィッ
ト，公平性，中立性，予測価値，目的適合性，信頼性，表現の忠実性，適時性，
理解可能性，会計処理の統一性，および検証可能性がある（アルファベット順
に掲げた）。これらの属性は数量化されておらず，また相互のトレードオフが
考慮されていないので，単に財務報告システムを設計する際の望ましい指針を
提供するにすぎず，また議論や分析のためのアジェンダを作成する助けになる
にすぎない。財務報告は，判断を伴う属性だけではなく，統計的・記述的内容
でも特徴づけることができる。このカテゴリーの属性の例としては，証券価
格・取引量・その他市場データと会計変数・産業変数・マクロ経済変数との相
関，報告された変数の時系列的な特性，さらには価格・金融ストレス・その他
の関心事項についての将来事象の予測能力がある。

　第２のアプローチは社会の目標あるいは特定の個人や集団の目標に照準を合
わせることである。組織がより効率的に機能することによって社会により多く

1

の富や繁栄をもたらすというのは，社会目標の一例である。分配的正義は，多くの人々にとって等しく重要である。報告主体の資本コストを下げるということも，しばしば挙げられる財務報告の社会目標のもう 1 つの例である[1]。

　議論の焦点を特定の個人や集団に絞り込んでいくことは，問題を単純化する。しかし，それでは別の人たちの正当な利益（legitimate interests）を考慮の外に置くことになってしまう。例えば，1 つの可能性として，ある企業の株主がより効率的な投資意思決定を行うのに役立つ財務報告が良いものであるとみなすこともできるかもしれない。実際，ほとんどの会計学の文献は専らそのような研究ばかりなのだが，おそらくそれは，株式投資効率に関するデータが容易に入手可能だからであるにすぎない。しかし，このアプローチが流行っているからといって，必ずしも組織の財務報告書における債権者，従業員，コミュニティ，あるいは政府といった，その他の個人や集団の正当な利益を考慮することを妨げることにはならない。

　第 3 のアプローチは，財務報告体制を明確化し理解するための指針として実務に目を向けることである。会計，法律，医療，その他の専門職の大部分は，実務と経験から誕生したものである。そうした専門職は Hayek [1991] が「拡張した秩序（extended order）[a]」と呼んだものに立脚している。それは「制度や伝統の大きな枠組み，すなわち経済的，法的，そして道徳的な枠組みであり，そこでは，自ら作ったのではない，また作り出された物がどう機能するのかを理解しているという意味ではけっして理解していなかった一定の行為ルールに従うことによって，我々は適合しているのである」（渡辺訳，一部改訳）。例えば自動車のような製造物についてでさえ，果たしてどれだけの人が自動車のす

---

[1] しかしながら，投資対象の資本コストが低下することが，同時に投資家のリターンの減少も意味するとき，社会的に望ましいか否かは明らかではない（投資家のリターンと資本コストはコインの裏表であることを想起されたい）。ジャガイモの値段を下げることは，必ずしも社会的厚生を増減させることなく，富／所得を農民から消費者に移転しているにすぎない。このジャガイモの議論を財務報告の社会目標の文脈にあてはめることができないほど，資本の価格の議論というのはそんなに特別なものなのだろうか？

べてのパーツがどのように動くのかを実際に理解しているかは定かではない。

　財務報告体制を形成するにあたっての，個人間での相互作用，組織間での相互作用，および社会経済環境要素間の多様な相互作用を介して現れる社会規範の役割には，最近の会計学の文献ではほとんど注意が向けられていない。機械論的パースペクティブからすれば，壁がレンガとセメントでできているように，財務報告体制は，その要素—おそらくは明文化されたルール（written rules）—によって構築されてきたと考えられるかもしれない。このようなパースペクティブは会計学の言説の中では支配的であるが，その識別可能な要素—その「レンガ」—から会計の実践的なモデル（practical model of accounting）を構築するのが困難であることは明らかである。むしろ，実務は，拡張した秩序の中にみられるような重要な創発特性（emergent properties）[b]を有しており，そうした特性は個々の構成要素の中にあるわけではない。このパースペクティブからすれば，財務報告体制というものは「一般に認められた会計原則（Generally Accepted Accounting Principles：GAAP）」という馴染みのある表現の伝統的な意味の中に長い間ずっと包摂されてきたように，経営者，会計士，投資家，従業員などのコミュニティの中での一般承認性から生じるものなのである。

　属性，目標，および実務という 3 つのアプローチは相互に排他的ではない。それらのうちのどれか 1 つで完全に満足がいく結果は得られそうにもない。つまり，これら 3 つは相互に補完的なのである。本書は，そうした混合アプローチの姿勢こそがより良い財務報告体制を構築するのに役立つであろうということを主張する。

1-2　時間的パースペクティブ

　パースペクティブが詳細さや時間の点で異なっていれば，1 つの現象に関しても，その本質や起源について多様な洞察が生まれることがよくある。例えば，近所を歩きながら見る，街を飛行機から見る，宇宙から地球を見るというように見方を違えることで，同じ地球の表面を非常に異なった方法で観察すること

3

図表 1-1　地表についての 3 つの見方

地上で 　　　飛行機から 　　　宇宙から

(a) 地上で，(b) 飛行機から，(c) 宇宙から（アメリカ航空宇宙局。AS17-148-22727：写真は 1972 年 12 月 7 日アポロ 17 号乗組員撮影）

が可能となる。そうすることで，観察される住居，景色，および活動について，関連してはいるがまったく異なった見方ができる（図表1-1を参照）。財務報告もまた，時間や詳細さの点で様々に異なるパースペクティブから見ることができる。監査人は，ある企業について顧客の送り状をチェックすることで，あるいは，財務諸表の分析的レビューを行うことで，さらには何年にもわたって業績を査定することで，その企業の多様な側面を知る。事実が自明であることはほとんどない。我々が何を観察するかは，我々が選んだパースペクティブの空間的あるいは時間的な詳細さのレベル次第で，また，我々が特定のパースペクティブにおいて何を見つけようとしているのか次第で変わってくるのである[2]。

　財務報告体制に関するほとんどの会計の言説では，特定のタイプの取引をいかに会計処理するか，ルール形成あるいはその他の規制措置を通じてその処理をどのように変更しうるかに焦点が合わせられている。我々は，取引のイノベーションが生じた後に規制措置が後追いするサイクルが繰り返されるという，より長期的な観点を採用する必要がある。その観点には，財務報告体制を形成するプロセスの構成要素としての制度のイノベーションと社会規範の進化とが含まれている。

---

[2] www.invisiblegorilla.com は，人々が見ようとしていないと，「明白な」ものにも気付かないという現象に関する興味深いビデオの例を掲載している（2015 年 7 月 31 日アクセス）。

1-3 ルールと制度[c]

　3つの分析レベルで会計を考えることは有用である。その3つとは，(1)取引，(2)その取引を分類し報告するルール，および(3)そのルールを作成し，施行し，執行するための制度—社会・政治・経済的な制度—である。会計ではすべての事象が取引として処理されるわけではない。第1の取引のレベルは，どの事象が取引として処理されるのかを識別することである。第2のルールのレベルでは，取引の観察可能な属性に基づいて取引を分類するスキームを開発し，それぞれのクラスの取引がどのように記録され報告されるべきかを選択する。第3の制度のレベルは，取引とルールのレベルでの課題を遂行し監督するための機関を設置することである。米国では，議会や裁判所のほかに，政府や民間部門の官僚的な規制・調整を行う組織がそうした例である。

　ほとんどの会計教育は最初の2つのレベルに関係している。すなわち，取引とみなされる事象を識別することの学習と，現行の支配的な体制のもとで取引がどのように分類され報告されるかを決定することの学習である。ルールを作成する機関が，どのように，なぜ，ある特定のルールを選択するのかといった問題については，学生に教える際にあまり関心が払われない。さらに稀なのは，ルール作成機関の組織や手続として，現行のものも含め，どのようなものがありうるのかや，それが過去どのように進化してきたのかについての分析である。これらしばしば無視されてきた課題は実は重要である。というのは，機関の構造は，当該機関が取引として認識する事象，および公表するルールの範囲と性質を決定するのに役立つからである。

　会計の体制を理解するためには，その体制を形成する会計諸機関についての広範なパースペクティブが必要である。ここで会計体制の形成に関連のあるものとしては，例えば米国においては，連邦証券取引委員会（Securities and Exchange Commission：SEC），財務会計基準審議会（Financial Accounting Standards Board：FASB）と政府会計基準審議会（Government Accounting Standards Board：GASB），会計検査院（Government Accountability Office：

5

GAO)^d，および公開会社会計監視委員会（Public Company Accounting Oversight Board：PCAOB）が候補となるのは明らかだが，それらだけでなく，アメリカ公認会計士協会（American Institute of Certified Public Accountants：AICPA），州の証券規制機関や公認会計士会，様々な州・連邦の裁判所・産業規制委員会・歳入当局，これら機関のそれぞれの法令，許認可，規則，および行政手続の下で機能しているすべてのものも含まれる。本書では上に名前を挙げた最初の方の比較的大規模な機関に注目するが，財務役員国際組織（Financial Executives International：FEI）の支部会や地域の会計士諸団体のような地方の諸機関の役割もまた重要である。

1-4　社会規範

　ルールや制度は社会規範に比べてよりフォーマルなものであるが，専門職の仕事を含めた我々の生活のたいていの部分は，ルールや制度ほどには明確に定義できない社会規範に統御されている。これら社会規範は，それぞれのコミュニティにおける互いの行動に関して共有された期待（shared expectations）である。広い意味では，社会規範も制度を構成している。社会規範はすべての専門職において，また我々の生活の多様な側面において重要な役割を果たしてきたが，財務報告におけるその役割は，ここ数十年の間無視されてきた。我々は財務報告における社会規範の役割がほとんど議論されてこなかった理由とその帰結を探求する必要があるし，将来のためにいくつかの別の選択肢を議論すべきである。

1-5　学習と発展

　社会システムは時代とともに学習し，発展し，そして変化する。我々が会計に関する諸制度を設計できる限りにおいて，社会システムは環境の変化を学習し，不安定化することなく環境の変化に適応する能力を，自らに組み込んでいく必要がある。実務を標準化して環境の変化に適応することは，それ自体コンフリクトを有する。広範に承認され執行されている基準は，環境の変化に適応

するのがいっそう困難である。例えば，米国は度量衡を機械類に組み込んで実用化するのに巨額の資本投資をした最初の国であり，その標準化を他国に先行して行ったために，米国以外の世界のほとんどで現在用いられているメートル法を新たに採用しようとすると巨額の費用がかかることとなり，その結果，メートル法の採用は困難となった。

過去20年の間に，財務報告をグローバルに標準化するような強い圧力がかかり，標準化が便益をもたらすと主張された。我々は財務報告の標準化の帰結を分析する。

1-6　財務報告の将来

最後に我々は，とりわけ財務報告・法律・財務エンジニアリング（financial engineering)ᵉ の間での活発な相互作用に注目して，財務報告の将来について探求する。財務報告の環境は法律や財務エンジニアリングによってかなりの程度規定される。財務報告に関するルールの明文化は，それらの意図を回避したり裏をかいたりするために，取引や金融商品，さらには組織形態ですら新たにデザインしようとする経営者やそのアドバイザーの試みを誘発することになる。

会計と監査に関する多くのコンフリクトや意見の相違は，最終的には裁判所で決着がつけられる。コミュニティの規範が決定的に重要であるコモンロー・アプローチの役割を拡張することは，財務報告を改善するのに役立つかもしれない。

【第1章　解説訳注】

ᵃ （2頁）「拡張した秩序」はハイエクの言葉であり，ハイエクの後期の三部作『自由の条件』『法と立法と自由』『致命的な思い上がり』で披歴される発想を表す最終段階のものである。人間は無知であるがゆえに自らが意図的に設計したものよりも自然発生的な秩序を重んじた，というのがハイエクの基本的考えである。人間がこの自らの無知に対処すべく努力してきた結果を表現する言葉として『自由の条件』では「文明」が，『法と立法と自由』では「自生的秩序」が『致命的な思い上がり』では「拡張した秩序」が用いられる。ただし人間は自生的な秩序を重んじたが，それでは不十分で自生的に発展していく（拡張した）秩序をハイエクは重視した。具体的な内容は本文での

引用の通り。

b （3 頁）方法論的個人主義の考え方は 1＋1 は 2 であって，3 や 4 にはならないという発想である。したがって重要なのは個であり，全体はこの集積されたものでしかない。もちろん個が相互に協力し合って 2 以上のものを生み出すことはあるが，その理由は個の側から必ず説明できる現象である。ところが現実には現象を構成する個をいくら観察しても全体の現象が説明できないことが多々ある。個が相互に影響しあって個の単純な総計では説明できないような結果になる積極的特性を創発特性と呼ぶ。

c （5 頁）本書では，institution は，法制度を典型とする制度を意味する場合と，制度を司る機関を意味する場合がある。そこで，コンテクストに即して，訳し分けをしている。

d （6 頁）米国の会計検査院の略称は GAO であるが，年代によって正式名称は異なる。1921 年「予算および会計法」によって設立されたときは General Accounting Office であり，長年この名称が使われてきたが，2004 年「GAO 人的資本改革法」によって Government Accountability Office に変更されて現在に至る。

e （7 頁）ここでの「財務エンジニアリング」という言葉は，いわゆる「金融工学」よりも広い意味で用いられており，会計基準の抜け穴をついた新しい取引などを設計・考案することで会計数値を操作することを指す。新しい金融商品の開発だけでなく，リースや特別目的会社（Special Purpose Entity：SPE）のオンバランス逃れなどもその例である。Dye, R. A., J. Glover, and S. Sunder, Financial engineering and the arms race between accounting standard setters and preparers. *Accounting Horizons*, 29, (2), 265-295, 2015 を参照。

第2章

良い財務報告とは何か

　「良い財務報告とは何か」という問題に対してある1つの解答に合意するということはまずあり得ない。「より良い」財務報告とはどういったものであるのかを識別するために7つのパースペクティブを検討していこう。7つのうちの3つは財務報告書の属性に基づくものであり，3つは目標に基づくもので，そして残る1つは現在の実務に基づくものである［Sunder, 2016］。属性に基づく3つのアプローチとは，(1)真実性の追求，(2)財務報告書が望ましいものか，有害なものか，あるいはバランスのとれたものであるかといった，判断を伴う属性つまり質的属性に基づく査定，および(3)財務報告書に含まれるデータ，開示される情報，およびそれらに関する説明についての何らかの測定可能な統計的特性あるいは記述的特性，である。目標に基づく3つのアプローチとは，(1)財務報告それ自体のいくつかの目的の充足を追求すること，(2)いくつかの広範な社会目標に財務報告が有効に役立つこと，そして(3)1つまたは複数の特定の参加者階層の目標を満たすこと，である。最後の実務に基づくアプローチは，会計をシンプルに，複雑な人間の相互作用から生まれる社会的な実践とみなすものであるが，そうした実践は必ずしも既知の属性または目標から派生するものではない。

　集団的選択や社会政策の特質を考慮したうえでより良い財務報告を構成する要素を明確に識別しようとする研究はほとんどない。様々な属性の間で整合性がとれていなかったり，それらが相対立したりする中で，妥協を強いられる。それは，個人や組織がその目標を追及する場合でも同様である。選好，コスト，およびベネフィットに関する合理的なデータがないならば，導かれる結論は不明瞭なものとなる。実際，このような分析から十分な知見と確信を得るのは難しいので注意が必要である。

2-1　属性：真実かつ公正

　真実性を追求することは，財務報告の望ましい特性であるとしばしば言われる。その規準（criterion）は明らかにシンプルであるにもかかわらず，実務に適用するに際してはいくつかの困難が生じる。例えば，MacNeal［1939］は市場価値が唯一の真実だと考えた。Paton［1940］は MacNeal の著書に対する書評において，真実として選択されたものが持つ恣意的な性質を指摘している。シンプルな真実を追求することの魅力に抗うことは難しい。これは会計の領域だけに限ったことではない。ただ，問題は，シンプルなことがいつも真実であるとは限らないということである。逆に，真実はシンプルではないかもしれない。さらに，統計学的パースペクティブからすると，真実というものは，0（ゼロ）/1（イチ）といった特性ではなく，程度の問題であり，例えば，二乗平均平方根誤差（root mean squared deviation）や他の類似する測定値，あるいはその逆数によって測定されるかもしれない[1]。

　このような方法で定量化されるとき，真実性を財務報告の質を決める最良の決定要因であると主張するのは難しい。というのは，他の属性とのトレードオフがすぐさま頭をよぎるからである。財務報告の規準として「真実かつ公正な」を用いることは，「真実」の完全性と，「公正」が財務報告にもたらすグローバルな判断とバランス感覚とを結合しようとする試みである。1844 年の「英国株式会社法」（The Joint Stock Companies Registration and Regulation Act）はこの「真実かつ公正な」という概念をその法令の中に含んでいたし［McGregor, 1992; Sunder, 2010b］，2006 年の英国会社法も同様である[2]。「真実かつ公正な」という概念はまた，会計の専門用語を知らなくても理解できる，良い財務報告のベンチマークでもある。米国大統領は，エンロンやワールドコムの余韻冷めやらぬ 2002 年 7 月 9 日に，一般大衆に対する公約の中で「私たち

---

[1] 正しいか間違いかという二値の論理のフレームワーク内では，予測の真理値（例えば明日の雨が降る確率は 40 ％）は，事後的にさえ決められない。歴史に関する多くの論争は立証された共有情報が欠如していることから来ている。

は，公開企業の資産，負債，および利益の写像を投資家が真実かつ公正に，そして適時に把握できるよう，まさに企業会計を暗闇から引きずり出そうとしているところである」と述べた。

　驚くことではないが，真実かつ公正を優先するための会計基準からの離脱（true and fair override）が認められている英国の企業は，機会主義的にその概念を利用して，悪い業績をよく見せようとしたり，情報価値（それは簿価および一株当たり利益の株価説明力によって測定される）の低い財務報告書を提供したりする傾向がある［Levine and McNichols, 2009, p.20］。会社が真実かつ公正を優先して会計基準から離脱することそれ自体は，実は，財務報告書の利用者にとって価値のある情報である。このようなコストのかかるシグナルを用いる企業は，財政状態が相対的に悪いことが多い。

2-2　他の質的属性

　会計上の言説では長きにわたって，比較可能性，保守主義，首尾一貫性，コスト／ベネフィットの効率性，忠実な表現，中立性，目的適合性，信頼性，粉飾や不正のしにくさ，適時性，会計処理の統一性，および検証可能性（アルファベット順に掲げた）などの属性が，好ましい財務報告システムのために提言されてきた。政府組織の財務報告については，市民による当該組織への権限委譲と関与，公衆に対する説明責任，および透明性が，しばしば望ましい属性として追加される。

　上に列挙したような相互に関連しあった属性のほとんどは広範囲に議論されてきたし，財務報告書における望ましい属性としてその多くが受け入れられて

2　第4章393条(1)には，「会社の取締役は，本章の目的に関連して，計算書類（accounts）が次の各号に定める資産，負債，財政状態，および利益または損失にかかる真実かつ公正な概観を提供するものであるという確信を持たない限り，当該計算書類を承認してはならない。(a)当該会社の個別計算書類の場合は当該会社，(b)当該会社の連結計算書類の場合は連結対象全体」と書かれている。また(2)には，「会社の監査役は本法に基づく職務を当該会社の計算書類に関連して遂行するにあたり，第1項に基づく取締役の義務を考慮しなければならない」と規定している。

きたが，以下の4つの点に注意することが重要である。第1に，2つ以上の選択肢から1つの実践を選ぶ場合，上述のような望ましい属性のリストといったようなものがあるならば，必然的に，忠実な表現と適時性の間，あるいは目的適合性と信頼性の間など，様々な属性間で困難なトレードオフを解決することをルール作成者に強いることになる。属性のリストそれ自体は，財務報告を改善するためのそうしたトレードオフを解決するに際して，ほとんど指針を提供しない。第2に，財務報告書作成者，監査人，および利用者の利害対立を解消することは困難である。つまり，ある集団にとって望ましいものが，必ずしも他の集団に選好されるとは限らない。第3に，会計処理の統一性，比較可能性，あるいは保守主義といった用語の意味は，一見すると明らかのようであるが，詳細に吟味するとあまり明確ではないことが分かる。多属性の世界（multi-attribute world）においては，事象を同質性に基づいて統一的に分類しようとしても，それに明白な解釈を与えることはできない。なぜならば，「類似する2つの取引を同じように処理すること」と「類似していない2つの取引を異なるように処理すること」の規準は，会計処理の統一性を追求するに際して根本的に異なる方向性をもたらすからである [Sunder, 1984, Chapter 9]。完全に同様の2つの取引や事象が存在しない世界においては，同じく比較可能性も定義できない。例えば，Weinberg [1992]（Chapter 2, "On a piece of a chalk"）[a] は，チョークのような単純な物であっても完全に定義することはできないということを論じている。より細かく見ると2本のチョークが同じであるということはない。会計事象や取引についても同じことが言えるのである。

　第4に，Joyce et al. [1982] は，会計原則審議会（Accounting Principles Board：APB）とFASBの元メンバーを被験者とする実験から，彼らが検討した11の質的属性のうち，その意味と重要性に関して十分な合意があったのは，僅か2つ（コスト／ベネフィットと検証可能性）についてだけだったことを発見した。一方，その他の9つについては，両審議会のメンバーとしてこの種の問題について考え方を共有するべく年月を費やしてきた彼ら専門家にとってさえ，その意味を共有することは困難であった。

2-3 開示

　財務報告書の利用者は，財務報告書に追加的な開示を求めることが多く，し
ばしば，より詳細で適時な開示をより良い財務報告とみなす。被支配会社の連
結，事業別と地域別のセグメント報告，コア事業とノンコア事業の区別，四半
期報告，ならびに，金融商品，オフバランスシート・ファイナンス，および不
確実性についての開示といった，現行の財務報告の記載事項の多くは，過去に
おいて利用者から要求されてきたものである。1994 年に AICPA のジェンキン
ズ委員会（Jenkins committee）は，報告書には財務情報だけでなく非財務情報
を含めるべきであると勧告した。会計実務と法体制（legal regime）は長い間，
不正と虚偽への恐れから将来見通しに関する情報を含めることに消極的であっ
たが，ジェンキンズ委員会と米国議会は，1995年の証券民事訴訟改革法（Private
Securities Litigation Reform Act）を通して，セーフ・ハーバー・ルールの下
で（つまり，将来見通しに関する情報が後から間違っているということが分
かったとしても罰則は加えない），財務報告書の中にそうした情報を含めるよ
う促した。

　財務報告書の利用者から追加開示の要望が規制当局に届いても，訴訟リスク，
開示の直接的なコスト，あるいは専有情報を競合他社に与えてしまうことによ
る間接的なコストが想定されることを理由に，作成者は抵抗する。作成者は，
どの情報をいつ開示するのかを自らが決定することを好む［Dye, 1985］。開示
は様々な役割を果たしており，それは情報作成者によるシグナリングの手段と
しても役立つのだが，規制によって開示が強制されると，業績の優れた組織に
とっては，業績が悪い組織と自らとを区別させるための有用な手段が奪われて
しまうことになる［Levine, 1996］[3]。

　財務報告書における追加開示を強制してほしいとの利用者からの要請に規制

---

[3] 同様の問題は，規制を通じて会計測定ルールの幅を狭める試みにおいても生じる。
様々な形態の利益マネジメント（earnings management）を抑制しようとする試みが
一例である［Arya et al., 1998, 2003］を参照）。

当局が応じた場合，報告書はより詳細になるが，より情報価値のあるものになるとは限らない。いくつかの重要な情報は，規制要件を満たすため報告書に記載される，膨大な情報の中に埋没してしまう可能性がある。あまり重要ではない細かい事柄よりも重要な項目を「強調する」ことによって，企業は利用者の注意を重要な項目に向けさせることを奨励または要求されるべきであるとBloomfield［2012］は主張する。しかし，開示される内容の相対的重要性に関して利用者コミュニティの関心は様々に異なるため，この提案を規制によって実施していくことは困難な挑戦になってしまう。

2-4　特定の統計的特性を持ったデータ

前述の質的特性と開示の他に，報告されたデータの統計的属性の観点からも，より良い財務報告とは何であるかを明らかにすることは可能である。おそらく，そのような属性の中で最もよく知られているのは，会計報告書のデータと株式市場のデータとの共変動である。より強い相関は，「価値関連性」のある報告という，キャッチーではあるがしばしば誤解を招くような表現の下で，より良い財務報告の尺度として扱われる。価値関連性という用語は，財務報告書から市場価格が形成されるという因果関係を示唆しているが，相関から因果関係を推測することは困難である。証券市場は多様な源泉からの情報を処理して価格を形成する。したがって，たとえ会計データと市場データとの間に相関があったとしても，それは財務報告のみから生じていると考えることはできない。より良い財務報告に関するこの価値関連性のパースペクティブは，証券市場は（市場価格はそのファンダメンタル価値に近似しているという意味で）効率的であるということを前提としている。しかしながら，ファンダメンタル価値とは何であるかを明らかにすることは困難であるし［Hirota and Sunder, 2007; Hirota et al., 2015］，市場の効率性に反する結果を示す多くの経験的証拠も理論的証拠も存在している［Shiller, 2000］。結局のところ，このパースペクティブは，価格やその他の市場データが（財務報告書を含む）情報に依存するという関係を逆転させてしまい，財務報告書が市場にどのような情報を提供すべき

かを最終的に決定する要因は市場データである，ということになってしまう。言い換えれば，価値関連性のパースペクティブでは，財務報告は，「市場のために」提供されるのではなく，「市場から」もたらされるのである［Sunder, 2011a, b］。

　Moriarty and Livingston［2001］は，財務報告の質に関する2つの指標，すなわち⑴財務報告の修正再表示（restatements）が発表された件数と，⑵株式時価総額に対する修正再表示による市場価値の下落の割合，について検証している。しかし，修正再表示の件数は，財務報告書が誤っていた件数とエンフォースメントの質とが結合した結果である。たとえ修正再表示とそれに伴う市場価値の下落による損失を時系列で比較したとしても，誤記載の頻度と規制当局が発見する確率とを分離して，どちらが主要な原因になっているのかを分析することはできない。

　財務報告書が，企業評価，融資，および様々な種類の予測―例えば，資金難や破産，銀行や公益事業の規制，生産性の高い企業に投資や人的資本を魅き付けるなど―に関するより良い意思決定に役立つとするならば，財務報告が支援できるかもしれない意思決定の質に基づいて，より良い財務報告を定義することは可能である。財務データを利用する意思決定モデルはいつでも状況に合わせて調整することができる。それゆえ，様々な種類の意思決定を行うためのより良い基盤をどの財務報告体制が生み出すかは，主に実証の問題である。実証結果は，財務報告体制のあり方だけでなく，比較対象である体制の各々に意思決定モデルがいかにうまく適応（adapted）されてきたかによっても変わってくる。ほとんどの国や地域では，ある階層の企業（例えば上場企業）に適用される財務報告体制は1つしか認められていないので，意思決定有用性を経験的に比較しようとすれば，国や地域をクロスセクションで比較するか，国や地域の中で体制が変更された場合を時系列で比較するしかない。このような研究では他のすべての条件が等しいわけではなく，その条件をコントロールすることが困難であるため，より良い財務報告を経験的に決定することは非常に困難である。

2-5　目標と目的

　ここまで，我々は，真実性，その他の質的特性，開示，および統計的特性を
含む望ましい属性という観点から，より良い財務報告を定義しようとする試み
について議論してきた。より良い財務報告にアプローチするもう1つの方法は，
財務報告自体の目標または目的，社会の目標または目的，および社会における
特定のメンバーあるいは集団の目標または目的を検討することである。財務報
告書は人間の目的を達成するために造られた人工物であるため，Dopuch and
Sunder［1980］が提案したように，社会，集団，あるいは個人のいずれかのレ
ベルにおける人間の目的の下に財務報告書の目的を位置づけることが最善のよ
うに思われる[4]。

2-5-1　社会の目標

　財務報告は，富と生計の創出，社会的な結束と正義の促進，および経済的効
率性を促進する物的資本・金融資本・人的資本の市場の形成といった，大まか
に定義された社会目標に役立つべきであるということは，広く支持されている。
しかし，あまり知られていないのは，事態が均衡パス（equilibrium paths）か
ら外れたときに，システムを元の軌道に戻すことを期待して警告を発するとい
う財務報告の役割である。しかし，他の広範な命題と同様に，どの財務報告体
制がそのような目標を達成するのに優れているかについて合意を得るのは困難
である。

　今日の社会のより大きな物質的幸福は，様々な規模の集団やコミュニティで
個々人の才能と努力を有機的に結び付けて，一時的だがかなりの程度で予測可
能な方法で相互作用できるようにした結果である。公共部門と民間部門におけ

---

[4] Dopuch and Sunder［1980］はまた，これらの目的を明確にするために，意思決定有用
　性規準が台頭した時期に発行された3つの重要な，しかし内容的にはかなり重複する
　公表物（APBステートメント第4号，トゥルーブラッド報告書［AICPA, 1973］，およ
　び財務会計概念書第1号［FASB, 1978］）を分析している。

るこれらの組織の存在と機能は，財務報告によって可能になる。組織は，物的資本，人的資本，および金融資本を集め，それらを組み合わせて社会的余剰を生み出す。このことは社会に対する組織の経済的貢献である［Sunder, 2008］。

　会計および財務報告書は，組織が様々な形態の資本を獲得し，出資者がそれぞれの拠出分に対する利益の分け前を受け取ることを確実にするために必要である［Sunder, 1997］。この意味で，より大きな組織体である社会を含む複数の組織にとって，それ自身を維持するために財務報告は必要なのである。

　「より良い市場のための情報」は，イングランド＆ウェールズ勅許会計士協会（ICEAW）が近年精力的に展開しているプロジェクトのテーマである。このテーマが，総体としての経済または社会の代役として市場を扱うべきということを意味していると考えるのは拡大解釈であろう（そして ICEAW もそうしなかった）。「より良い市場」という考えは，さらに掘り下げて説明する必要がある。なぜならば，「より良い市場」という用語は，取引量，情報効率性，資源配分の効率性，流動性，取引コストの低さ，アクセスのしやすさ，透明性などに関連して用いられる可能性があるからである。また，市場組織（market organizations）は必ずしも中立的ではないし，それは誰かを犠牲にしてある特定の市場参加者を利することもある。ディーラー，ブローカー，金融機関，個人投資家，または証券取引所を運営する会社の投資家を利するように市場組織を作ることもできる。これらのすべての可能性を考慮すると，より良い市場を創出するために，どのようにして会計体制を選択したらよいのかは，明確ではない。さらに，市場の創出とそれらを運営するコストの削減は，社会の金融化を促進するが，それは社会学の広範なパースペクティブからは必ずしも望ましいものではない。

　個人がそれぞれの目標を追求している世界では，財務報告書は，個人を調整されたネットワーク（coordinated networks）の中に組み込み，そのネットワークの機能について知らしめ，個人的な目標の追求がその集団的な機能を損なうことがないように個人を律するのに役立つ。財務報告システムは個人の行動だけでなく，個人がアクセスできる代替的で競合的な情報源をも規律づける。

17

すべての情報源は相互に影響し，互いに規律づけ合っているのである。この意味で，良い財務報告は組織が機能するに際しての安定性と予測可能性の要素を構築するのに役立つべきである。

　社会システムを安定化することには，調整の感度とスピードをある程度犠牲にすることと，変化に対する人間の反応を予測することが含まれている[5]。例えば，損害の可能性という意味と，結果のばらつきという意味のいずれのリスクの概念が人間の行動に適用できるかによって，リスクと不確実性の下での適切な会計方法は異なってくる。損害というリスクの概念は，伝統的に用いられてきた低価法などの保守的な方法につながるのに対し，結果のばらつきというリスクの概念は時価評価につながる ［Sunder, 2015］。Friedman et al. ［2014］は，人間が損害の可能性を回避することを好むという証拠があるのに対して，結果のばらつきを回避するのを好むという証拠はほとんどないと，示唆している。

　企業における財務報告の重要な機能は資本コストの低減に役立つことであると，しばしば主張されてきた。この主張には 2 つの異論がある。第 1 に，ある企業にとってのコストは，資本を拠出する投資家にとっては利益である。財務報告は資本コストを減少させるために選択されるべきであると主張することは，財務報告は投資家へのリターンを減少させるために選択されるべきであると主張することと同じである。第 2 に，資本コストは生産要素のもう 1 つの価格（another price）に過ぎず（つまり交換比率），取引の相手側の人々の利益が無関連とみなされない限り，資本（あるいは自動車や食料やその他すべて）の価格を下げることが社会厚生を改善することは，これまで示されていない。

2-5-2　個人の目標

　より良い財務報告ということの意味を明確にするうえでの第 3 のアプローチは，組織における様々な階層の参加者の利害，したがってその意思決定への影

---

[5] 同じことがエンジニアリング・システムについても言える。

響に注意を向けることである。これはしばしば，自分自身でより良い情報に基づいた個人的な意思決定ができるようにすることを意味する。この意思決定のパースペクティブでは，参加者は自らの選好と目的を持ち，それを財務報告書や代替的な情報源からの情報と組み合わせて意思決定すべき問題を形成し，そして解決する。より広範には，この意味でのより良い財務報告とは，組織の参加者が個人および集団の厚生を改善するのに役立つことであると言える。

しかしながら，この意味での「より良い財務報告」には，4つの点で曖昧さがある。第1に，様々な参加者集団の目標と情報需要は，集団間で，さらには集団内であっても必ずしも一致しない。1つの集団であっても，その内には正反対の利害を含んでいるかもしれず，そうした多様性のある集団に役立つ1つの財務報告システムを選択することは難しい。第2に，個々人が必要とする情報が，ダイナミックに変化する個人的状況しだいで変わる可能性があり，そうした個人的状況を財務報告システムを選択する側は知らないし，また知ることも不可能である。第3に，個々人にとっての意思決定有用性という，より良い財務報告の規準は，それぞれの意思決定の間の相互作用をほとんど，またはまったく想定していないということである。しかし，「より多くの情報を持った」個々人の合理的な意思決定の間での相互作用は，それほど情報に基づいていない意思決定からの結果と比較して，幾人かの個人またはすべての人々にとって望ましくない結果をもたらす可能性がある [Baiman, 1975]。第4に，ブラックウェルの定理 [Blackwell and Girshick, 1954; 1979] を用いた Demski [1973] が指摘したように，個々人の意思決定のためのより良い情報システムは，他のシステムよりも厳密に詳細（strictly finer）なものでなければならず[b]，この詳細さの条件はいかなる特定の基準（standards）によっても満たされる可能性は低い。Goetz [1939] および Schmalenbach [1948] は，すべての利用者が基礎となる取引記録にアクセスし，そうすることで個人のニーズに合うようにカスタマイズされた方法で自由にデータを集計できるようにすべきであると提案した。この提案は，Sorter [1969] の会計への「事象」アプローチとしてよく知られている。

19

　しばしば，財務報告の想定される対象を単一の集団（投資家，場合によって
はさらに狭く株主）に絞り込むことによって，意思決定情報の観点からより良
い財務報告を定義することの困難を緩和しようと試みられてきた。財務報告の
メリットに対してこの「株主のパースペクティブ」を採用する膨大な数の文献
では，その理論的根拠がほとんど明示されていないが，ここでは思い切って推
測してみよう。まず，もっともらしい理由の 1 つは，Milton Friedman［1970］
の「利益は企業の唯一の目標である」とか，あるいはそれを言い換えた「株主
価値（株式の市場価値）の最大化が企業の唯一の目標である」という広く誤解
された格言がかなり支持されていることである。ここから大きく，信じられな
いほどの，しかし一見すると無害にみえる飛躍が生まれる。すなわち「株価最
大化は，財務報告規制当局／基準設定主体の目標である」ということである。
この飛躍は以下の 2 つの点で重要である。第 1 に，株主は，規制当局と基準設
定主体がその利益を保護する義務を負った唯一の集団ではない。第 2 に，株主
がより良い投資意思決定を行えるように情報を提供するということと，株価や
リターンを増加させる財務報告とは同じではない[6]。会計理論の文献でも実証
研究の文献でも，財務報告データと株式市場データとのより高い共変動が，株
主の利益への役立ちや投資決定の効率性の向上に結びついていることは，これ
まで示されていない。結局，フリードマンの格言は，社会のルールに従うとい
う文脈の中で述べられたのであり，その社会の財務報告体制はそうしたルール
を明確にするのに役立つのである。

2-6　創発的な実務としての財務報告

　何らかの望ましい属性を備えたり，ある目標を追求したりすることの他に，

---

[6] 2001 年のエンロンの財務報告スキャンダルを受けて，株価は 90 ドル代から 1 ドル未満
　に下落した。ある試算によれば，エンロンの株式は当時，一株約 5 ドルの理論価値が
　あったはずだという。株主の損失が \$85（＝90－5）なのか，\$4（＝5－1）なのかは，い
　くぶん議論が分かれるところである。株主は，自らの持分の市場価格を正確に測るの
　に役立つ財務報告に関心があるのだろうか，それとも市場価格を最大化する財務報告
　に関心があるのだろうか。答えは明らかなはずだが，依然として議論は続いている。

単に「起きている」社会現象としてシンプルに財務報告を見ることができる。社会現象としての財務報告は，例えば，我々が食べ，話し，服を着て，互いに関わり合い，仕事をし，楽しんだりするのと同じように起きているのである。社会現象は複雑であるため，我々は自分たちの生き方を，何らかの十分に明確化された選好，属性，および目標から合理的に構築されたものとして描き出すのは難しい。それゆえ，我々はともかく自分たちの生き方を理屈づけようとする傾向がある。実際，我々は生き方から好みや目標を推測することが多い（例えば，青いシャツを着ているので，彼は青色が好きにちがいない，など）。

　会計では，このパングロシアンのパースペクティブ（Voltaire［1759］の『カンディード』における楽観的な家庭教師のパングロス博士に因んで名付けられた）[c] には多数の支持者がいる。「会計は現状のままでよいというわけだ。なぜなら，いまの会計は最善であるはずだからである。さもなければ，このようになっていなかったであろう。」このようないわゆる「ポジティブ・セオリー」の人気は，ここ数十年間の会計学研究の中心部分から会計の政策に関する問題についての真摯な議論をほとんど排除してしまった。

　1つの実践として，財務報告を現代生活の儀礼と見ることもできる。儀礼とは，宗教的，社会的，組織的，および個人的な状況において，明示された目的を持っていないか，または目的とするものとの関連性を経験的に明らかにできない状態で繰り返される一連の行為である。それ自体がその説明であって，我々はそれをするから，それを行うのである（we do them because we do them）。大学の卒業式，部族の雨乞いの踊り，礼拝所への訪問，結婚式や葬式，出会ったときの挨拶や別れの挨拶などは，あらゆる社会の生活に浸透している儀礼の例である。Bell［1997, pp.138-169］によれば，儀礼はコミュニティの伝統によって規定され，形式主義，伝統主義，不変性，ルールの支配，神聖な象徴主義，あるいはパフォーマンスによって特徴づけられるかもしれない。懐疑的な見方をすれば，財務報告もまた，象徴主義的でほとんど実体のない儀礼のようにも見える。

　いくつかの目的を持った行動は，そのもともとの目的が環境の変化や社会的

記憶の変化の中で失われてしまった後でも，慣習，伝統，あるいは迷信の力を通じて継続される。より良い「雨乞いの踊り」は，実際に雨が降るかどうかによって査定されることはない。おそらく，参加者の数，衣装の色，雨乞いの踊りのあとの饗宴の豪華さなど，客観的な規準の代わりに採用された他の尺度でもって評価されるのであろう。属性や目標に基づいて財務報告を正当化しようとする場合，財務報告がそれらを達成する手段として有用であることを示すより優れた証拠が得られるまでは，儀礼としての財務報告を即座に否定することはできない。

2-7　要約

要約すると，財務報告における「より良い」とは，特定の社会または個人の目標を達成すること，あるいは何らかの一般的な定性的属性または特定の統計的属性を有することなど，複数のことを意味するものとして定義することができる。これらの解釈のいずれにおいても，どのような財務報告書がその規準を満たしているのか，あるいは満たすことができるのかについて，概念的なレベルでさえも合意を得ることは困難である。財務報告が，ただ単に長い間そうしてきたからという理由で我々が行っている儀礼であるのかどうかは，まだわからない。いくつかの可能性を探究した後，最終章でこの疑問に立ち返ることとする。

【第2章　解説訳注】

a （12頁）チョーク（chalk）という言葉には黒板で使う「白墨」と白亜層の「白亜」という意味がある。無数の小さな動物の外皮が化石化したものから成る白亜は，白墨の原料とされる。

b （19頁）情報システムAが伝達する情報をすべて情報システムBが伝達しているとき，BはAよりも詳細（finer）であり，Aが伝達する情報以外の情報もBが伝達するとき，BはAよりも厳密に詳細（strictly finer）であるという。

c （21頁）フランスの小説家ボルテール（Voltaire）が著した『カンディード（*Candide, ou l'Optimisme*）』において，主人公カンディード（Candide）の家庭教師であるパングロス（Pangloss）博士の「現実におけるあらゆる物事がそれ以外のあり方では存在

しえないということは，とっくの昔に証明ずみである。なぜならば，すべては１つの目的のために作られているので，必然的に最善の目的のために存在するのだからだ。よいか，鼻というものは眼鏡をかけるために作られている。だから，眼鏡は存在するのだ」という台詞を援用しながら，「ポジティブ」という形容詞が付いた会計研究方法とその方法を採る研究者に対するサンダー教授の皮肉を込めた見解がここに示されている。Gould, J. P. Discussion of the municipal accounting maze: An analysis of political incentives. *Journal of Accounting Research*: 15, 145-150, 1977 も参照。

より良い財務報告を選択するためのメカニズム

　より良い財務報告体制を，どのように考え，どのように設計し，またいかにして選択すればよいのだろうか。このテーマは過去一世紀にわたって大きな注目を集めてきた。最初のステップは，こうした問題が会計に固有のものではないことを認識することである。人類は，何千年にもわたって社会の様々な面を秩序立てるためのより良い方法を見つけようと努力してきたし，ルールを明文化することがこの目的を達成するための唯一の手段でもない。しかしながら，ルールを明文化することは，過去一世紀の間，財務報告体制の重要な部分をなしてきた。それゆえ，米国国内だけでも 500 を超える様々な標準の設定に関わる機関が（他の国ではもっと多いこともある），技術環境およびビジネス環境を画定し，船からソケットに至るあらゆるものに関する標準を設定する作業に従事しているという事実は，指摘しておく価値がある。さらに，国境を越えた通信などの様々な分野でも，同じような役割を果たす国際機関が存在する。会計体制を構築するという問題を，他の製品やサービスの標準設定のような，類似した社会的プロセスというより広いコンテクストで考えることは，より良い財務報告体制を開発するためのコスト，ベネフィット，限界，およびその経済学を理解するのに役立つかもしれない［Jamal and Sunder, 2014］。

　社会政策においては物事を特定の方向に導く多様な手段がある。これは，財務報告だけに固有のことであるはずがなく，法律，規制，および集団的選択全般のほとんどの側面に共通している。財務報告には，集団的選択と個人的選択の要素が含まれる。会計以外の経済生活の側面を見ることは，いくつかの異なったパースペクティブを得るのに役立つかもしれない。集団的選択の問題に対する解決策を分析的に導出することは，より良い財務報告のための規準を選択するという問題について第 2 章で概説したのと同様の理由から困難である。どのようなプロセスを選択するかは，いかなる規準に基づいて選択するかの代替となりうる。規準に基づく分析が難しいのであれば，少なくとも何らかの広

範な主観的判断によって，その結果が改善に結びつくであろうという希望のもと，より良い財務報告を定義し，それをさらに発展させるための，社会的に許容されるプロセスを開発することはおそらく可能であろう。

3-1　会計における集団的選択のメカニズムと手続

　社会厚生に関する先験的な規準を選択して適用するのは困難なので，人間社会は問題に対処するために様々な社会的選択メカニズムを開発し，採用してきた。規制主体によって明文化されたルールは財務報告において頻繁に使用されるが，それらは財務報告のすべての面に関する唯一のメカニズムではないし，また必ずしも最良のメカニズムでもない。最初に，利用可能な選択肢の特徴を検討することが有用である。それらは，① 社会規範，② 一般投票・国民投票，③ 立法と法令，④ 裁判所，⑤ 行政・規制機関による規制，⑥ 自主規制，および ⑦ 市場という 7 つの広いカテゴリーに分類できるが，実際にはそれらは共存し，オーバーラップするかもしれない ［Sunder, 1988］。

3-2　社会規範

　自然言語のような社会規範は草の根的に生成する。こうした社会規範の生成は，分散した集団的選択メカニズムなのであり，そこでは集権化した権力は最小限の役割しか果たさない。そのような生成のプロセスは十分には理解されておらず，決められたスケジュールどおりに結果が生み出されるわけでもない。そうした集団的選択のメカニズムは，大まかな原則（broad principle）に関わる事柄も，細かい区別（fine-grained distinctions）に関わる事柄も，ともに対象としうる。パチョーリが 15 世紀に著した『スンマ』の簿記に関する記述は，当時のイタリア商人の一般的な会計実務をまとめたものである。彼の本は，その時代の会計の社会規範を捉えた試みである。事実，「一般に認められた会計原則」という言い回しは，会計および財務報告が草の根的な社会規範の起源を持っていることを反映している。

　株式公開企業の数と規模が経済活動の重要な割合を占めるようになるまでは，

財務報告は大部分が社会規範によって決定されていた。製造業，輸送業，公益企業，およびサービス産業における巨大で複雑な株式公開企業の急速な成長によって，財務報告システムには，社会規範アプローチだけではもはや対応できないような，追加的な要求が課せられるようになった。20 世紀の半ば以降，報告主体に対してトップダウンのルールを制定し強制する法的権限を授与された民間の組織が，GAAP というラベルを徐々に使用するようになった。それ以来，社会規範の役割は後退してしまった。

3-3　一般投票・国民投票

　一般投票や国民投票によって集団的選択を行うことで，個々の市民は自分の選好を直接示す機会がある。市民が「X か Y」または「イエスかノー」などの簡単で分かりやすい選択肢から選ぶ必要がある場合，国民投票は社会的決定メカニズムとしてそれなりにうまく機能しうる[1]。賭博の合法化，アルコール飲料の販売，あるいは不動産税の上限設定といったことを認めるか否かは，そうした集団的意思決定の対象となりうる問題の例である[2]。しかし，選択肢の数と複雑さが増すにつれて，ほとんどの市民が情報に基づいた選択をするのに十分な知識を得ることは不可能となるので，一般投票の有効性は低下する。そもそも選択肢がなければ投票できないので，投票それ自体だけでなく，投票者に提示すべき選択肢を形成することもまた，国民投票の重要な部分となる。さらに，投票者が，問題となっている集団的選択のインプリケーションを理解していないと，他人の意見，広告，およびデマの影響を受けやすくなる。財務報告

---

[1] しかし，Arrow［1951］の「不可能性定理」は，投票者が 3 つ以上の選択肢（オプション）を持つ場合，順位付け投票システムは，順位付けされた個人の選好をコミュニティ全体の（完備性と推移性を満たす）順位に変換することができないことを示している。

[2] たとえ単純なイエス・ノー投票でも，一般の人々の意思を必ずしも反映しないような，予期せぬ結果をもたらすことがある。英国が欧州連合（EU）の加盟国であり続けるべきかどうかについての 2016 年 6 月の「Brexit」（英国の EU 離脱）国民投票は，最近の例である。

に関わる選択が国民投票の対象になっていないのは驚くべきことではない。

3-4　法令と立法

　法令はルールを課す権限を持つ機関が行うトップダウンの決定である。民主的なシステムにおいて，法案の作成，審議，および承認は，有権者が自らの利益を代弁させるために選んだ代議員からなる議会に委ねられている。議会が法案を可決するかどうかは，メンバーの多数（通常は過半数）からどの程度のレベルの支持が得られるかに依存している。議題となっている提案が，どれ1つとしてメンバーからの十分な支持を得られないならば，議会は何の行動も取ることができない。しかし，現状をそのままにしておくために「法令を策定しない」という選択をすることもある。

　立法者は，自身またはその支援者を利するような発言を法案審議で自由に行うことができ，しばしば実際にそうする。立法に際しての意思決定では，対立する利害関係が明示され，議論され，交渉されるし，その理由づけや動機のほとんどは隠されてはいない（よく知られている「たばこの煙で満ちた」密室で議場を離れて交渉が行われる場合を除いてであるが）。すべての議員は，自らの見解を述べる機会がある。議員は，多様な幅を持つ政治上の諸問題に広範な責任を持っているとはいえ，財務報告における技術的に複雑な問題に精通するだけの時間，能力，および熱意を持つと期待される者はほとんどいない。議員がそうした問題に関わることになった場合でも，それを理解しないであろうし，詳細についてはスタッフに処理を任せるであろう。

　1990年代に，米国議会はハイテク産業からのロビー活動の圧力に遭って，経営者ストック・オプションの会計に関わるようになった。その後，ドットコム・バブルが崩壊して，それに伴い重大な企業不正や企業不祥事が起こり，2002年にはサーベンス・オクスリー法（Sarbanes-Oxley Act：SOX法）が制定された。ストック・オプション会計に対する立法府の誤った介入から米国の財務報告が復旧するのには多くの年月を要した。こうして，ようやく議会は企業からの要請の危険性を認識するようになったのである。フランスのメガバン

クであるソシエテ・ジェネラルの会計問題の後で国際会計基準審議会（International Accounting Standards Board：IASB）にフランス政府が介入したことは同様の結果をもたらした。Romano［2005］は，財務報告に対する直接的な立法府の介入に対して深刻な懸念を表明している[3]。

Coase［1960］が指摘しているように，法制化を通じての財産権（ここでは情報権を含むと解釈する）の再配分は，富を移転させるかもしれないが，資源利用への影響はその資源の取引コストに依存する。取引コストがない場合，資源の利用は財産権の割り当て（assignment of property rights）とは無関係である。財務報告に関する立法および規制は，一般的に情報の財産権を再配分することになる。情報のような無形の資源であってもその取引に摩擦がないことはないので，そのような立法や規制は，どれくらいの情報が生産され，誰がそれを使うかということにも影響すると考えて間違いないだろう。

3-5 裁判所

議員が自らの利害あるいは自身の支援者の利害を自由に擁護する立法府とは異なり，裁判所の判事は中立性を維持しなければならない。裁判官はまた，原告と被告の主張に圧力を受けながらも，個人的な好みではなく，コモンローまたは成文法を根拠として判決を下すことが期待されている。この裁判官の規範に違反すれば，裁判官の地位を失うリスクにさらされることになる。複数の選択肢を検討する立法者とは対照的に，裁判所は通常，二者択一の決定を行わなければならない。

スパチェック（L. Spacek）は，アーサー・アンダーセン（Arthur Andersen & Co.）の代表を務めていたときに，一般の裁判所では対処できないかもしれないような，よりデリケートな問題と技術的に詳細な事柄を処理できる，会計問題に特化した専門的な裁判所において，財務報告に関する紛争は解決されるべきであると提案した［Spacek, 1958］。こうした会計裁判所は，コモンローを

---

[3] Chambers et al.［2010］も参照。

用いて，係争中の財務報告書が当該企業の財政状態や経営成績を「真実かつ公正に」描き出しているか否かに関して，刑事事件での「合理的な疑いを超えて有罪」[a]という決定に類似した方法によって判断することができるかもしれない。そのような裁判所の創設は，ルールを決定し執行する行政・規制機関の急速に拡大する負担を軽減するのに役立つかもしれない。スパチェックの提案は，会計界，ビジネス界，あるいは規制当局からはあまり注目されなかった。代わりに，財務報告の問題に対処するための行政・規制的アプローチがさらに定着していった。

3-6　行政・規制機関

　1930年代に，米国議会は株式公開会社の財務報告の規制に関する責任を新しく創設された SEC に付与した。SEC の委員は，米国の独立規制機関システムにおける他の規制当局と同様に，政府の行政部門からほぼ独立して機能し，米国議会に対して釈明義務がある。この行政上の取り決めには，規制方法に関する柔軟性，革新性，および試行の容易性という利点があるが（例えば，インフレーション会計および石油・ガス会計），他方で財務報告書の質を維持するのに失敗するリスクもある（例えば，エンロン，ワールドコム，グローバル・クロッシングなど）。

　規制への行政的アプローチは，行政機関が公益のために裁量権を行使して判断を下すときにうまくいくように見える。例えば，SEC は，インサイダー取引を「重要な非公開情報を利用した取引」という以上に細かくは定義していない。SEC は，その言葉の意味を明確にすべきという絶えざるプレッシャーに晒されてきたにもかかわらず，敢えてそうしてこなかったのである。日本などいくつかの国々の規制当局は，この定義が何を意味するのかについて具体的かつ詳細に明文化しようと試みたが，実際には不正行為を行おうとする者に抜け道を教えることになってしまった。

　そのような事態に対する配慮が，財務報告のルールを明文化する際にはしばしば欠落してしまっている。収益の認識を例にとってみよう。1932年，AICPA

の「証券取引所との協力に関する特別委員会」は，委員長のメイ（G. O. May）が会計方法を公式に規定する（officially prescribe）ことに強く反対していたために[4,b]，経営者，弁護士，および会計士と相談した結果，僅か5つの短いパラグラフで表現された「大まかな原則（broad principles）」を起草したにすぎなかった[5]。Zeff［1972, p.124（原典：AICPA 1932–1934]）によれば，ニューヨーク証券取引所理事会は，企業および会計事務所からの「一般承認（general acceptance）」を受けて，「すべての上場企業がそれらの大まかな原則に従うべきであること，―そしてもちろん，それらからのいかなる乖離も株主と取引所の注目を特別に集められるべきであること」を要求した。

　その後の80年間に，収益認識のルールは何度も見直された。ソフトウェアや不動産といった特定の業界における特定の種類の取引の詳細な処理方法が説明書すなわち「クラリフィケーション（clarifications）」[c]や「適用指針（guidance）」として加えられたり，一般原則に移行するために具体的な処理の規定

---

[4] ローティ（M. C. Rorty）への手紙で，メイは次のように書いている。「私の考えは，すべての企業は自らが採用した会計方法をかなり詳細に記述すべきだということです。経営者は会計方法について，採用した方法が妥当で標準的なビジネスの実務に従っていることを監査人に証明させ，どの方法を採用したかを包み隠さず開示すべきです。経営者がそのような会計方法に準拠していない会計情報を故意に提出した場合は，計算書類を改竄したという罪を犯しているとみなされるべきです。…会計の『公式な（official）』システムは，大まかな原則を規定することはできるのですが，一方で，そうした原則の範囲内で多様な会計方法が可能であり，どの会計方法を採用するべきかについては教条主義では正解は得られないという問題点を有しているのです」（Grady, 1962, p.62 および Zeff, 1972, p.123）。

[5] Zeff［1972］に引用されている AICPA（1932–34, Exhibit I, pp.4–14, イタリックは著者）の5つのパラグラフの第1パラグラフには，次のように書かれている。「*未実現利益は会社の損益勘定の貸方に直接計上してはならず，また通常は損益勘定の借方に計上される未実現利益の金額にチャージするという手段を通して間接的にも計上してはならない。売上代金の回収が合理的に保証されていない場合を除き，通常の営業過程における売却が完了した場合には，その利益は実現したものとみなされる。*棚卸資産についてその原価を決定することが不可能であるため正味販売価格で評価することは，場合によっては原価を上回る可能性があるものの，それが取引慣行としては許されるような産業（食品梱包業など）では，一般ルールに対する例外として認められる」（加藤・鵜飼・百合野訳，一部改訳）。

31

から後退したりした後，再び，具体的な指針が公表された。2014 年に公表された FASB と IASB の共同規定書『顧客との契約から生じる収益』が 2017 年（2016 年 12 月 15 日以降に開始する報告年度）に発効するまでの間でさえ，みたび 2015 年に FASB と IASB は，「回収可能性，非現金対価，移行時に完了した契約，および新しい実務上の便宜と技術的な修正」に関する新しい説明書を発行することを提案した。PricewaterhouseCoopers [2014] は，この新しいルールを実行するための顧客用のガイダンスを公表したが，それは 264 ページもの分量があった。

　メイが先見の明をもって指摘していたように（本章の注4を参照），これは規制主体の基本的なジレンマを示している。もし規制主体が一般原則のみを規定しているのなら，一般原則への違反を発見したとき，法執行活動（enforcement actions）を行うか否かの判断を行使する余地が生まれる。企業側の弁明は，通常，一般原則に具体性がないことを指摘することからなっており，その結果，クラリフィケーション（すなわち，財務報告の文脈で頻繁に使用される用語である「適用指針」）が要求されることになる。クラリフィケーションはいずれも，一般原則に詳細さを付加するので，一般原則をルールに変える第一歩となるし，新たな抜け道や代替策を生み出すことにもなる[6]。詳細さと複雑さは規制を受ける側の要求に応じて徐々に上がっていき，規制機関が財務報告の一般原則に基づいて判断を行使することはより難しくなる。このプロセスに従わないと，恣意性がありデュー・プロセスが欠如していると非難されることとなる。民主的な政治形態の下ではこれらの批判に反論することは難しい。

　第 2 の困難性の原因は，ビジネス上の取引や事象とそれらを財務報告書に含めるためのルールの内生性（endogeneity）にある [Sunder, 2011b; Dye et al., 2015]。明文化されたルールのそれぞれが，それ自体，しばしば取引のイノベーションといったかたちで，ルールの帰結を正統に回避することを狙った対

---

[6] Sivakumar and Waymire [2003] は，財務報告における保守主義と，規制委員会によって設定された料金との間には，執行の圧力の下で，興味深い相互作用があることを発見している。

応を生み出す。監査人は取引をどのように分類するかには影響を及ぼすことができるが，企業がどのように取引の選択を行うかには口をはさむことはできない。社会規範は精密さに欠けるが，それでもなお，行政機関の標準的な運営手続である明文化された詳細なルールを上回る利点を有している。

3-7　自主規制

　専門職や産業界は，そのメンバーの行動とその商品やサービスの質を規制する独自のシステムを自主規制により構築し，運営することができる。このように基準を設定し，品質とパフォーマンスを監視し，必要に応じて懲罰的な措置をとる機関が，経済の多くの分野に存在する。自主規制機関は，調整基準を作成し，メンバーの大部分がそれに自主的に従うとき，より有効に機能する傾向がある。もしアメリカ鉄道協会が，レール幅を1メートルにして敷設するという基準を設定するならば，実際には各鉄道会社がその基準の設定に関与しなかったとしても，当該基準に従うことは実質的にすべての鉄道会社にとって利益がある。

　しかし，この調整基準の議論は品質基準にはあてはまらない。なぜならば，個々の企業は業界の評判にフリーライドして手を抜こうとするインセンティブがあるからであり，顧客が品質を容易には知ることができない場合は特にそうである。このような理由から，自主規制機関は調整作業に集中させられる傾向があり，品質が関わるところでは，政府の基準がより大きな役割を果たすようになる [Jamal and Sunder, 2014 参照]。

　80年以上にわたって，米国SECは，財務報告における自主規制機関の創設を奨励し，かなりの程度これらの機関に頼ってきた。初期の段階では，SECは会計専門職団体であるAICPAに，会計手続委員会（Committee on Accounting Procedure：CAP）やAPBなどの各種委員会を通じて，財務報告基準を設定させた。1972年には，APBは新しい自主規制体制に取って代わられ，当該体制の下では，財務会計財団（Financial Accounting Foundation：FAF）がFASBおよびGASBを監視することとなった。これらの組織は会計専門職以外のより

広い分野から代表者を受け入れているが，それでも FASB のボード・メンバーの大部分は会計専門職である。これらは，SEC の主任会計士室（Chief Accountant's Office）と緊密に連携して作業を行っており，主任会計士室の事前同意なしにルールを発行することはほとんどない。この取り決めの下で，報告書作成者がクラリフィケーションと適用指針を継続的に要求するので，現在では「一般に認められた会計原則」を構成すると考えられている明文化されたルールの規則集は数千ページにもなってしまった。

3-8　市場

外部性がなく，十分な競争が存在する場合には，私的財の生産と配分の問題については，市場が効率的に解決することができる[7]。公表された財務諸表に含まれる情報は，限界費用ゼロと非排除性という公共財の2つの特性を有している。財務報告書を作成する費用は2種類ある。第1に，取引のデータベース（それは組織が業務を管理し，内部統制を実施するために，必ず維持しなければならない）から報告書を作成する際の直接費用である。おそらく，より大きな費用は，規制を遵守させる費用や財務報告規制が引き起こす経営者行動の変化によってもたらされる費用のような，計量化がより難しい間接費用であろう。財務報告情報の持つこれら公共財の側面を考慮するということは，より良い財務報告の選択を，個人的選択の問題としてではなく集団的選択の問題として扱うことと同義である。

先に議論したように，集団的選択メカニズム―議会，裁判所，国民投票，規制当局，市場など―に問題を委ねても，より良い報告方法を見つけ出すことの困難性は解決しない。しかし，市場を運営するためのいくつかの選択可能なルールの間で競争が行われるシステムを想定することができる（例えば，証券

---

[7] 私的財は公共財と対立するものとして定義されている（公共財とは追加的一単位を生産するときの限界費用がゼロで，対価を支払わない者を当該財の提供する便益から排除することができない財をいう）。ここでの効率性に関する限定的な概念には，分配と公平性に関する考慮は含まれていない。

取引所，環境規制，教育システムなど）。これらの選択可能なルールは，そういったシステムに参加することを選んだ人々に料金や税を要求することによって私的財に変換することが可能である。

3-9 要約

財務報告体制を選択するにあたっては，技術的な専門性は重要ではあるが，それだけでは十分ではない。社会的効率（技術的問題）と富の分配（政治的問題）の両方を考慮する必要がある。政治的問題では，誰も間違っていないが意見は異なっている，ということがありうる。FASBの準司法的構造は，テクニカル・スタッフを雇用していることと結びつくことで，その任務は技術的なものであるという印象を作り出してきたし，実際，長年にわたってFASBは，その決定の政治的（すなわち分配の）側面を認識することに消極的であった。一方，特定の国から選出された代表者からなるIASBは，国に固有の利益を認めたがらないわけではない。立法的システムでは政治的配慮に重きが置かれる。もっとも，財務報告体制を選択するための構造がどのようなものであれ，そのメンバーは依然として高度な技術的能力を保持しなければならない。

明示的な政治的利害を持たない階層に属する中立的な集団が基準設定主体に公式的に参加することは，基準設定主体が行う仕事の政治的側面を薄める傾向がある。そうした個々人は，必ずしも投票権を有するボード・メンバーでなくてもよい。それでも，スタッフの一員として価値ある助言や技術的支援を提供する。

基準というものは必須ではない。人々はすべての生活の領域において包括的に明文化された基準などなくても生きることができるし，また現に生きている。人々は自分たちの行動を現状に合わせて調整するし，よかれと思って発行された基準であっても害を及ぼす可能性がある。例えば，金融業においてマーク・トゥ・マーケット評価と貸倒損失の認識における発生損失モデルが採用されたが，そのことが2007〜2009年の世界金融危機を引き起こしたのだと主張されてきた[8]。立法府の良し悪しが成立した法律の数によって判断することができ

ないのと同様に，基準設定機関のパフォーマンスは，それが発行した基準の数やページ数で測れるはずがない。この2つの間には何らの関係もないのである。活発（active）な議会というものは良い議会であろうか？ 活発な基準設定主体は良い基準設定主体であろうか？「積極的（proactive）」な行動という言葉が持つ肯定的なイメージを，個人の領域からこの制度的領域に拡大解釈する理由はほとんどない［Sunder, 1981; Madsen, 2011, 2013］。

　アグレッシブな基準を制定する基準設定機関を拒否することは，より新しいタイプの取引や事象の処理の基準化が遅れることを意味する。しかし，医師が新しく発見された病気の治療法を直ちに見つけることや，エンジニアが設計上の弱点を一夜にして克服することが期待できないように，新しいタイプのビジネス取引のための効率的な会計基準がすぐに策定されると期待するのは妥当ではない。我々の知識は不完全なので，新しい問題に対する様々な解決策を実際にテストしてみる必要がある。このプロセスを強制的に短縮すれば，金融市場において過ちを犯し，変化を引き起こし，その結果として混乱を招くといった，大きなコストがもたらされることになる。SECが新しい問題に対してゆっくりとしたペースでの対応を受け入れないのではないかと心配する会計人たちは，1970年代にSECがよく考えずに介入し，そして結局は失敗に終わった石油・ガス埋蔵量認識会計の基準化の帰結を想起するだけでよい。

　会計体制を構築するために，我々がどんな制度的メカニズムを考案しようとも，社会的に優れた解決策を見つけ出す能力は限られており，それはまた不完全なままであろう。我々は他人の選好を観察することはできない。人々の選好は，自身が知っていることと過去の経験に依存しており，それらは常に変化する。新しい解決策やルールが導入されると，人々は新しい状況に合わせて行動を調整する。したがって，社会的に効率的な財務報告体制を考案するには，人々が新しい基準に反応して行動をいかに変えるかを理解し観察することが不可欠である。ルールがよりアグレッシブであればあるほど，我々がその帰結を

---

[8] この金融危機のより広い分析に関しては，Hellwig［2008］を参照。

事前に十分に理解している可能性はより低くなる。おそらく，会計体制に対する実務ベースの指向がもっと注目を集めるべきなのであろう。

　コモンローから官僚的なメカニズムに移行するにつれて，意思決定に直接関わる人間の数が少なくなってくる。組織化された国家が，自らの決定を強制するためにその権力の多くを使うとき，決定それ自体も，その強制も，より迅速に行えるようになるが，誤りを犯す機会もまた増えることになる。歴史的にみても，これは最近数十年の米国と欧州連合（EU）における変化の方向性でもあった。財務報告体制に対する広範な不満の大きさに鑑みれば，より良い財務報告の意味とその目的を達成する手段を概念化する際に，我々はどこかで間違っていたのかもしれない。だとすれば，それがどこであったのかを，よく考える必要がある。以下の3つの章では，3つの主要なアプローチ，すなわち，ルール，規範，および制度について検討することとする。

【第3章　解説訳注】

a　（30頁）刑事訴訟においては，訴追にかかる犯罪事実が検察側より「合理的な疑い」を超える程度に証明されないかぎり，被告人は有罪とされない（田中英夫編集代表『英米法辞典』東京大学出版会，1991年）。本文で言う「合理的な疑いを超えて有罪」とは，有罪を立証する責任がある検察側が提示した証拠に反する事実が存在するという疑いがあるとしても，陪審員の健全な社会常識に照らして，その疑いに合理性はない（常識的にありそうにない）と判断されるため，有罪と認定される場合を指す。「疑わしきは罰せず」と言う際の「疑わしき」とは，「合理的な疑いが残るとき」という意味である。

b　（31頁）1932年5月4日，米国有数の投資信託会社 American Founders Corporation のローティ（M. C. Rorty）副社長は，アメリカ経営管理協会（American Management Association）で講演を行った際，不正会計の問題に言及し，そうした不正を防止するための手段として，会計基準を主要な会計士団体が中心となって設定すべきだと述べた。後日，ローティの講演録を読んだ G. O. メイは，1932年6月13日，ローティに反論の手紙を送った。本文の注4はこの手紙の一部である。なお，メイはローティと（さらには本書第5章で登場する W. Z. リプリーとも）旧知の仲であり，社会科学評議会（Social Science Research Council）のメンバーとして互いに交流があった。詳しくは，大石桂一『会計規制の研究』中央経済社，2015年，第4章を参照。

c　（31頁）clarification は「明確化」や「説明」などと訳されることがあるが，本書では「クラリフィケーション」で統一している。

第4章

基準とルール

本章では，標準化の経済学を簡単にレビューした後，より良い基準とは何か
を識別する際の問題点を検討したうえで，会計基準設定プロセスと情報通信関
連の4つの組織における基準設定プロセスとを比較する。最後に，米国におけ
る会計のルール形成の歴史に簡潔に触れ，本章を締めくくることにする。

4-1 標準化の経済学

在庫を持ち続けたり，情報を収集・処理したり，契約交渉をしたりするには
コストがかかる。これらのコストを削減したいという欲求が，標準化の動機と
なる。このことは，コンセントに適合する電源アダプター，110Vの家庭用電源，
そして日常的に利用されている何千もの物品だけでなく，言語，電話，イン
ターネットなどのコミュニケーション手段にも当てはまる。調整を容易にする
ための標準化がなければ，現代の生活は不可能ではないにしても面倒である。

調整基準は，あるシステムのパーツ間の相互適合（ボルトとナットのねじの
形状，電球とソケット，車が左右のどちら側を通行するかなど）と関係する。
これらのケースのすべてにおいて，個別のパーツとしてどれを選ぶかは，パー
ツ間の調整に比べればそれほど重要ではない。Jamal and Tan［2010］の実験
では，基準のタイプと監査人のタイプが合致する（基準も監査人も原則主義で
あるか，両方とも細則主義である）場合に，最良の会計が生まれることが明ら
かにされた。首尾一貫性と比較可能性の議論[a]は，資産と負債を一体的に定義
しようとする試みと同様に，会計基準に関する調整の議論である［Jamal and
Sunder, 2014］。また，財務報告基準はネットワーク効果（あるユーザーにとっ
てのある製品の限界効用が，ユーザー数が増えるにつれて増加すること）の存
在によっても支持されうる（Katz and Shapiro, 1985; Ferrell and Saloner,
1985）。

品質は，標準化の第2の動機である。誰もが手術をしたり，散髪をしたり，

会計学を教えたりできるわけではないのは，品質基準があるからである。それゆえ，品質基準は，情報を持たない患者，顧客，あるいは学生（これらの人たちは，上手な人と下手な人を識別するのにコストがかかるか，識別が不可能であることを知っているかもしれない）を保護するためであるという理由で正当化されることが多い。さらに，これらの品質基準により，相互信頼が促され，私的情報を収集するための投資の必要性が減少することによって，弱者が保護され，社会厚生が向上するといったように議論が展開される。

　品質基準は，異物・不純物含有率，強度，故障率，欠陥率，脂肪含有量，および平滑性など，各製品カテゴリーが持つそれぞれの属性に対して最低値を定める。品質基準はまた，製品の様々な等級を定めることもある［Jamal and Sunder, 2011a, b 参照］。売り手は品質に関して手抜きをすることで当面はお金を節約できる一方，買い手はより高い品質を好むので，適切な品質基準を取引契約の中に含めることが重要になる。

　基準のベネフィットを受けるにはコストが伴い，そのため標準化の範囲が限定されるので，自動車，コンピュータ言語，医師の種類，さらにはコンセントの種類などには，多くの異なるモデルが生まれることになる［Krislov, 1997］。コストには次の4つの広範なカテゴリーがある。(1)基準を形成・施行するための直接コスト，(2)選ばれた基準と異なる基準を必要としていた人々にとっての「不完全適合」のコスト，(3)独占を作り出し競争を妨げるために基準が利用される可能性から生じるコスト，および(4)試行，学習，イノベーションがより困難になることから生じるコスト。

　基準のベネフィットとコストの両方が重要な意味を持ちえる。しかし，総コストに対して総ベネフィットが超過しても，必ずしも費用対効果が良くなるわけではない。総直接コスト自体は小さくとも，それが少数の人々に集中して賦課されるような場合には，当事者は資源を投じ，そうした結果を避けるよう結託するであろう。逆に，総ベネフィットがより大きくとも，多数の人々に薄く配分がなされるかもしれない場合，当事者には，そうした僅かなベネフィットを得るために組織化してロビー活動するインセンティブはほとんどない。ベネ

フィットが広く薄く分配される受益者全体から金銭や労働を集めるのは難しいので，そのような作業は政府または業界のコンソーシアムによって行われる。標準化された市販品を購入せず，かなり高い金額を払ってオーダーメイドのスーツや注文住宅を購入したい人々は，ほんの僅かなのである。Windowsコンピュータに Internet Explorer を標準装備しようと試みたマイクロソフトに対して独占禁止法違反訴訟が提起された結果，競合するブラウザが急増し，そのことによってユーザーにベネフィットが生じたという事実は，競争しないことがコストを生じさせることを示す1つの例である。QWERTY 配列キーボードの標準化は，事実上，DVORAK 配列やその他のより効率的な配列を，それらが市場での地位を築く前に排除することに成功した。

4-2　社会的最適を見つけるという難問

　会計における社会的選択問題の最適解を見つけることは，この課題に関して多くの理論的研究（Bertomeu and Magee, 2015a, b およびそこでの引用文献を参照）が行われてきたにもかかわらず，その問題に関連するパラメータについての信頼性の高いデータが不足しているため，容易なことではない。基準がもたらすコストとベネフィットが不均一に分配されていることが，どの基準が社会的に望ましいのかを決定するのを困難にしているのである。コスト／ベネフィット規準（総ベネフィットが総コストを超える）は，分配への影響を無視している。パレート規準（誰かの状態を悪化させることなく，少なくとも一部の人々にとってより良い選択肢を選ぶ）は，実際には適用するのが難しい。誰にも不利益を及ぼすことのない法律，ルール，あるいは基準を考えるのは容易ではない。第3章で議論した社会的選択メカニズムによって，効率性と分配問題との間での妥協でおさまることもしばしばある。

　提示された代替案のうちのどの案が選択された規準を最もよく満たすのかを見極めるのは，実際はそれほど単純な作業ではない。というのは，意思決定者は個人の選好を知らないし，個人の選好を知るという試みには戦略的問題が伴うからである。仮に選好すべき基準があるとして，どのような基準を選好する

かと尋ねられたとき，その人は自らが選好する基準を知らないかもしれないし，それを正直に明かすことを望んでいないかもしれない。基準化のプロセスへの積極的な参加という観点から社会的最適を判断することも考えられるが，これもまた，そうすることによって大きな利益を得る可能性のある人々や，参加することに共通の利害を持つ集団を組織化するのにかかるコストが比較的少ない人々に有利なようにバイアスがかかっている。コスト／ベネフィット分析は実行するのが難しい。なぜならば，基準のコストの一部については見積もることができるかもしれないが，他方で，ベネフィットについてはあまりに分散化していて計量できない可能性があるからである。

4-3　基準設定の独占か競争か[1]

　財務報告基準の設定における独占と競争のそれぞれの利点について多くの議論がなされてきた［Dye and Sunder, 2001; Sunder, 2002a, 2010a, 2011a］。いくつかの国（例えば，カナダ，スイス，および米国など）の規制当局は，特別な状況における限定的な競争を認めているが，大部分の会計研究は独占の方が公益に資することを受け入れている［Cooper and Sherer, 1984］。競争の下では「底辺への競争（race to the bottom）」が生じるという予測［Barth et al., 1999; Merino and Coe, 1978; Previts and Merino, 1998］があるにもかかわらず，電子商取引［Jamal et al., 2003, 2005］や野球カードの格付け市場［Jamal and Sunder, 2011a］における規制競争に関する経験的研究は，底辺への競争を発見していない。

　米国だけでなく他の国や地域においても，実質的にすべての法域が，会計のルール形成の独占を行っているため，この議論についての直接的な経験的検証は困難である。そこで Jamal and Sunder［2014］は会計以外の領域にも対象を広げ，インターネット技術タスクフォース（IETF），電気電子技術者協会（IEEE），電気通信産業ソリューション連合（ATIS），および国際電気通信連

---

[1] 本節のほとんどのデータの初出は，Jamal and Sunder［2014］である。

合（ITU）という4つの情報通信関連の基準設定組織（standard setting orga-
nizations：SSOs）[2] を取り上げて，その基準設定プロセスを，基準の数，政府の
役割，資金獲得方法，基準採択に至るための閾値，および競争という観点から
FASB/IASB と比較した。

　基準の数という観点からは，FASB は相対的に小さなプレーヤーである[3]。政
府機関の参加という観点からは，すべてがそうであるという組織（国の政府代
表からなる国際機関である ITU）もあれば，まったく参加なし（IETF）とい
う組織もある。資金獲得方法について，IETF と ITU はインターネット上で基
準を無償提供しているが，ATIS と IEEE は基準を販売している。FASB は，学
生や学者には基準へのアクセス権を無償で提供しているが，諸機関にはアクセ
ス権を販売しており，さらに SOX 法の執行以降は企業から負担金を徴収する
ようになった。民間の SSOs は，基準に直接利害を持つメンバーからの会費に
よって運営資金を賄っていることが多い。基準採択に至るための閾値について
は，過半数（FASB と ATIS），70％（ITU），75％（IEEE）などであるが，
IETF では正式な投票はなく「ラフ・コンセンサス」（大まかな合意）で決定さ
れている。FASB とは異なり，情報通信関連の4つの SSOs はいずれも競争に
直面している。

　Jamal and Sunder［2014］は，標準化における競争の役割と帰結を検討する
ためにインターネット電話に関するケース・スタディを行った。その結果（図
表4–1参照）は，古くから政府による認可を受けることで独占を享受してきた
ITU とは競合する IETF のボランティア・グループが，非常に効率的な基準を
通じて，電話業界を変革させたことを示している。193ヶ国の有料メンバー，
1863年以来の長い歴史，そして信頼できるグローバルな電話システムの開発を
可能にした実績からすれば，ITU はどこから見ても成功したといえる。ITU は，
回線交換ネットワークの開発によって急速な技術変化に対応してきた。ところ

---

[2] これらの組織については Goralski and Kolon［2000］を参照。
[3] しかし，異なる領域の標準化について，基準の数をもとにその標準化の効率性を判断
　するには細心の注意が必要である。

図表 4-1　米国の 5 つの基準設定組織のプロセス

基準設定組織（SSO）	財務会計基準審議会（FASB）	インターネット技術タスクフォース（IETF）
基準の範囲	財務報告（GAAP）	インターネット：接続からアプリケーションまで全般（例えば IP，TCP，e-mail）
設立年	1973 年 前身団体：CAP（1939）および APB（1959）	1986 年 前身団体：ARPANET（1969）
作業部会数	12	124
基準の数	168	7136
政府の関与	有 民間 SSO だが基準は法により強制される	無
遵守違反に対する罰則	有 SEC による罰則	無
メンバーシップ	直接の会員はいない	個人 65,000 人および組織 150 団体
運営資金獲得方法	FAF が（SOX 法により）株式時価総額に基づいて企業から負担金（tax）を徴収する（予算の 67 %）。公表物の販売（予算の 33 %）。	個人および組織が ISOC に対して会費を支払う。個人は「無料」（グローバル）メンバーになることも可能。資金の多くは企業および様々な非営利組織から調達される。
基準の発議主体	FAF。FASAC によりレビューされる。	一般会員およびエリアディレクター（AD）。
作業部会	フルタイムの FASB スタッフ。アドバイスを得るために外部参加者から成るリソース・グループが設置される。アジェンダと議事録のオンライン公開。	パブリックのメーリングリストを作成―参加者の数と多様性を AD が監視する。アジェンダと議事録のオンライン公開。インターネット草案（I-D）といわれる書類の作成。

に関する記述（2008 年 2 月 18 日現在）

電気電子技術者協会（IEEE）	電気通信産業ソリューション連合（ATIS）	国際電気通信連合（ITU）
航空，電信電話，特に電力ネットワーク，家電，インターネット	電信電話業界における IT（例えば設備インフラ，ワイヤレス通信，マルチメディア）	グローバルな電信電話ネットワーク
1963 年 1963 年に前身団体である AIEE（1884）と IRE（1912）が合併	1993 年 前身団体：ECSA（1983-1993）	1865 年
102	24	14
1534	1224＋	4000＋
部分的 民間だが政府の裏付けのある（ANSI によって承認された）基準を設定。ITU との作業。	部分的 民間だが政府の裏付けのある（ANSI によって承認された）基準を設定。ITU との作業。	有 国家（政府）の基準設定主体の UN 組織
無	無	無
160ヶ国の 425,000 のメンバー	企業の代表者 300 人	投票権のある 193ヶ国および投票権のない民間部門のメンバー700 人
個人および組織は会費を支払う。	企業は売上高に基づく年会費（$1,000 から $259,000）および基準委員会費を支払う。	各国は 63,600 スイスフランの年会費を支払う。
IEEE が承認した組織がプロジェクト承認要求書を提出することによって基準の発起団体とならなければならない。	AITS のメンバー，あるいはフォーラムまたは委員会の参加者は問題確定書を提出しなければならない。当該問題の提出責任者が発議者となる。	加盟国およびその他の正式な権限を有する団体（国の SSO または個別企業）。
提案された基準の草案作成。	当該問題の討論終結決議案の ATIS のウェブサイトへの投稿，および e-mail リストへの送付。 アドバイスを得るために外部参加者のリソース・グループ（CIO カウンシル）が設置される。	勧告書草案の文章チェック。勧告書の意図が完全に反映されているかという点から要約報告書を評価。勧告書承認のための議論。

公開草案	文書化された公開草案。公衆には最低 30 日の回答期間が与えられる。	IESG が最終提案書を発行し，外部からのインプットを 4 週間募る。
基準の採択方法	FASB ボード・メンバーの投票で過半数の賛成が必要。	投票なし AD による「ラフ・コンセンサス」で決定される。
1 つの問題に対して 2 つ以上の基準が公表可能か	不可能	可能 しかし実際には稀
基準の存続期間	不確定	不確定
基準の競争	なし	市場で事後的に行われる。

FASB, Financial Accounting Standards Board（www.fasb.org）：財務会計基準審議会
IETF, Internet Engineering Task Force（www.ietf.org）：インターネット技術タスクフォース
IEEE, Institute of Electrical and Electronics Engineers（www.iwww.org）：電気電子技術者協会
ATIS, Alliance for Telecommunications Industry Solution（www.atis.org）：電気通信産業ソリューション連合
ITU, International Telecommunications Union（www.itu.int/ITU-T/index.phtml）：国際電気通信連合

Source：Jamal and Sunder［2014］.

IEEE-SA 基準審議会の各メンバーは提出された基準案に対して最終投票を行う。	討論終結決議案から 21 日が経過し，新たな情報が出なかった場合には，自動的に最終討論終結書が発行される。	新規または改訂勧告案の最終版は少なくとも公式使用言語の 1 つにより TSB が利用できるようにならなければならない。
作業部会の少なくとも 75 ％が投票し，その 75 ％以上の賛成が必要。	企業はそれぞれ 1 票を有する。過半数の賛成投票が必要。	70 ％以上の賛成投票が必要（政府代表のみが投票できる）。1 国 1 票。
可能	可能	可能
5 年 自動的にレビューされるか撤回される	不確定	不確定
市場で事後的に行われる。しかし，事前コンペ（試行）を行うこともある。	市場で事後的に行われる。しかし，事前コンペ（試行）を行うこともある。	市場で事後的に行われる。

（表中の略語）
AIEE, American Institute of Electrical Engineers：アメリカ電気学会
ANSI, American National Standards Institute：米国国家規格協会
APB, Accounting Principles Board：会計原則審議会
ARPANET: Advanced Research Projects Agency NETwork：高等研究計画局ネットワーク
CAP, Committee on Accounting Procedure：会計手続委員会
CIO, Chief Information Officers：最高情報責任者
ECSA, Exchange Carriers Standards Association：交換キャリア規格協会
FAF, Financial Accounting Foundation：財務会計財団
FAS, Financial Accounting Standards：財務会計基準
FASAC, Financial Accounting Standards Advisory Council：財務会計諮問委員会
GAAP, Generally Accepted Accounting Principles：一般に認められた会計原則
IEEE-SA, IEEE Standards Association：アイトリプルイー・スタンダード・アソシエーション
IESG, Internet Engineering Steering Group：インターネット技術運営委員会
IP, Internet protocol：インターネット・プロトコル
IRE, Institute of Radio Engineer：無線学会
ISOC, Internet Society：インターネット学会
SEC, Securities and Exchange Commission：証券取引委員会
SOX, Sarbanes-Oxley Act：サーベンス・オクスリー法
TCP, Transmission control protocol：トランスミッション・コントロール・プロトコル
TSB, Telecommunication Standardization Bureau：電気通信標準化局
UN, United Nations：国際連合

が，ITU の回線ネットワークとは競合する革新的アーキテクチャであるパケット交換ネットワークが IETF によって開発された。しかも，政府の支援もなく，許認可権限も持たず，基準の執行権限も有しない IETF によって開発されたのである。IETF は，ITU のモデルとの調和を試みることによって成功したのではなく，緩やかに組織化されたボランティア・グループが「改善策（a better "mousetrap"）」を考案・設計するといった，集権的ではない創造性（decentralized creativity）を持つことで成功したのである。既存の SSO による独占で事がうまく進んでいたときでさえ，競争が前もって排除されていたわけではないため，競争的な体制からより良い一組の基準が生じた可能性がある。電気通信会社のフォーマルな構造，レガシー，そして多額の埋没原価に鑑みれば，IETF の存在，そこからの競争圧力，およびその洞察力なくして，ITU-T（ITU の電気通信標準化部門）と電気通信業界がインターネット・インフラへの飛躍を果たしえたとは考えにくい［Schulzrinne and Rosenberg, 1998］。

　米国と EU は，財務報告基準を作成するプロセスを独占することをほぼ既定路線として採用してきたが，独占と競争の各々のメリットについてはほとんど議論していない。この競争排除の帰結については，精査するに値する。

4-4　米国における会計基準設定

　米国では，AICPA の中の上級委員会として 1959 年に設立された APB は準立法機関モデル[4] に従っており，原則として 21 名の非常勤メンバーで構成されていた。APB のメンバーのほとんどは職業会計士であったが，企業や投資家あるいは学界からの代表もメンバーに含まれていた。他の立法的機関と同様に，APB は過半数の投票により運営された。

　ホイート委員会（Wheat committee）は投資税額控除の失敗を受けて

---

[4] ウェブスター辞典では，準立法機関を「強制力を持つルールや規制を作る権利を保有することによって部分的に立法上の性質を持つ」，または「基本的には立法的な性格を持つが，特に憲法で明示されたような立法権や機能を持つものではない」と定義されている。

AICPA によって設置された[b]。当該委員会は，APB の仕事ぶりに対する人々の不満の原因がメンバーの独立性の欠如にあると批判し，準司法機関モデル[5] のFASB に置き換えることを提案した。しかしながら FASB は，バランスの悪い代表制という APB の属性をそのまま引き継いだ。FASB は，その公表物に賛同しない人たちの不満に対する防衛手段をほとんど持っておらず，そのメンバーの判断を拠り所とするしかなかった。議会のような立法機関であれば，その行動を防衛する必要はない。なぜなら，特定の利益を代表する者として選ばれたという属性があることと，メンバーが党派の方針に従って行動することが，自らの身を保護する役割を果たすからである。しかし，FASB メンバーの過半数は実務家の公認会計士から選ばれるべきであると AICPA が強く主張したので，FASB からこうした保護が取り去られてしまった。

　FASB の最初の 8 年間は，迅速な基準設定，それまで試されたことのない新しい会計方法を唯一の基準として積極的に推奨する姿勢，および利害関係者からの支持の低下などによって特徴づけられよう。FASB にとって，FASB に対して提起された会計問題に関する基準の発行を拒否することは困難であった。基準への非準拠に対しては AICPA の懲罰メカニズムが FASB をサポートすることが保証されていたので，FASB はその基準が利害関係者に受け入れられることに段々と関心を払わなくなっていったのかもしれない。FASB が多くのスタッフを雇用することは，新ルールを大量に発行することによって正当化されなければならなかった。これはまた，そうしたスタッフの雇用を支える出版物の販売収入をもたらした。FASB の年次報告書は，成果の尺度として，完了したプロジェクトと発行した基準刊行物のリストで構成されていた。活動量を偏重する雰囲気は，1977 年の議決要件の変更，すなわち，7 人のボード・メンバーのうち 5 人の賛同を得ることから，4 人の賛同を得ればよいという単純多数決へと条件を緩めることにつながった。FASB はそれまで当該領域で試されてこなかったような複雑で新しい会計方法の適用を勧告した。財務会計基準書

---

[5] ウェブスター辞典では，準司法機関を「基本的には司法的な性格を持つが，特に憲法で明示されたような司法権や機能を持つものではない」と定義している。

（FAS）第 8 号（外貨換算）および FAS 第 19 号（石油・ガス会計）は，その代表例である。

　1990 年代，FASB は，1 組の「原則主義に基づく高品質な」会計基準を世界に提供するという方向でコンバージェンスしようとする IASB のプロジェクトに加わった。そのような目標を正当化して達成するのは基本的に困難であり，このことは近年の世界金融危機が現実を再確認させたことと相まって，当該プロジェクトの断念へとつながった。45 年以上の年月を経て，そして「年金及びその他の退職後給付の会計処理」などの多くの重要な成果を収めた後，FASB は，財務報告の改善は標準化によって達成できるというより穏やかなビジョンに落ち着いたように見える。

【第 4 章　解説訳注】

a 　（39 頁）2018 年の IASB の概念フレームワーク（Conceptual Framework for Financial Reporting）では，consistency と comparability との関係について以下のように扱っている。「首尾一貫性（consistency）は，比較可能性（comparability）と関連したものではあるが，同じではない。首尾一貫性は，ある報告企業の期間ごとに，あるいは異なる企業のある単一の期間において，同じ項目に同じ方法を使用することを指している。比較可能性は目標であり，首尾一貫性はその目標の達成に役立つものである。(2.26)」。「比較可能性は，項目間の類似点と相違点を利用者が識別し理解することを可能にする質的特性である。他の質的特性と異なり，比較可能性は単一の項目に関するものではない。比較には少なくとも 2 つの項目が必要となる。(2.25)」。
　なお，日本の『企業会計原則』における一般原則の 1 つである「継続性」の英訳は consistency である。同一企業が複数期間にわたって同じ項目に同じ方法を使用する原則に関しては，「継続性」という訳も考えられるが，サンダー教授の議論は，企業間の方法の一貫性も含意しているので，本書では「首尾一貫性」と訳している。

b 　（49 頁）1962 年，1967 年，および 1971 年と 3 度も投資税額控除の会計処理をめぐる問題に直面した APB は，一括法と繰延法の 2 つの会計処理のうち，繰延法のみを認める会計基準を設定しようと試みたが，産業界や財務省などの反対により 3 度とも失敗した（大石桂一『アメリカ会計規制論』白桃書房，2000 年，第 3 章を参照）。一般に，1971 年の 3 度目の失敗が APB の崩壊を決定的なものにしたとされている。AICPA が設置した前 SEC 委員長のホイート（F. M. Wheat）を座長とする「会計原則の設定に関するスタディ・グループ」（通称ホイート委員会）は 1972 年 3 月に報告書を提出し，その中で APB に代わって FASB を創設することを提案した。なお，ホイート委員会が設置されたのは，3 度目の投資税額控除問題が決着する 1971 年 12 月よりも前の 1971

年3月である。

第5章

社会規範[1]

　歴史的に見ると，社会規範は財務報告において重要な役割を果たしていた。社会規範は，おおむね，社会的制裁と内的制裁のインフォーマルなプロセスを通じて維持される[2]。それとは対照的に，ルールは，よりフォーマルな執行メカニズムを必要とし，それは刑罰を科す暗黙的または明示的な国家権力によって多くの場合支えられている。家族，地域，職業，社会，国内，および国際といった場でとられる行動の多くの側面は，規範が重要な役割を果たすメカニズムによって統治し続けられている。一般に認められた会計原則（generally accepted accounting principles）という言葉は，もともとは単に英語の字義通りに使われていたが，次第に固有名詞となって大文字で表記されるようになり（Generally Accepted Accounting Principles），GAAP という用語は，今ではそれに準拠しない人々に制裁を加える力を持った権威ある主体によって発行されるルールや規則を主として意味するようになっている。実務から生じた会計方法に対してGAAPという用語を使用することは，現在ではほとんどない。どのように，そして何ゆえに，財務報告は企業の行動や職業会計人の行動に関する社会規範を明文化されたルールや基準に置き換えてしまったのであろうか[3]。この変容によっていかなる帰結が生じたのか，また，会計とコーポレート・ガバナンスに，他に取り得るいかなる道があるのかは注目に値する。規範から明文化された基準への移行が良い結果をもたらすのか，そしてそれが賢明なもの

---

[1] 本章の内容は Sunder［2005a, b］を基礎にしている。

[2] 社会的制裁または外的制裁とは，報酬と懲罰を通して，許容される行動のルールを執行するために社会によって使用される手段である。Mill［1863］は，内的制裁を自らの行動について自分自身の心の中で感じる良心の声であるとして，外的制裁と区別している。

[3] いくつかの文献では，ルール（rules），レギュレーション（regulations），スタンダード（standards）の間で有用な区別がなされているが，財務報告の文脈では，これらの用語，特にルールとスタンダードは，頻繁に互換的に使用されるので，これらを明確に区別しようとしないのがベストだと思われる。

であるかどうかは，いまだ解決されていない問題である。本章では，財務報告
における社会規範の役割について検討していく。

5-1　社会規範の性質

　ある集団の社会規範は，その集団のメンバーが他者の行動について持つ「共
有された期待」である。規範とは期待であり，それゆえに本来的に主観的なも
のである。規範は共有されるが，その意味するところは，個人 A は，他者があ
る方法で行動すると期待する一方で，個人 A はまた他者も同様の信念を持って
いると考えており，個人 A に当てはまるものはその集団の他のメンバーにも当
てはまるということである。Posner［1997, p.365］によれば，

　　　「社会規範」（略して「規範」）とは，裁判所や立法府などの公的機関に
　　　よって公布されたり，法的制裁の脅威によって執行されたりするもので
　　　はないが，日常的に遵守されるルール（そうでなければルールではな
　　　い）を意味するものとして私は用いる。礼儀に関するルール（適切な服
　　　装やテーブルマナーに関する規範を含む），文法に関するルール，およ
　　　び政治システムが成立する以前の社会や私的組織における慣習法（cus-
　　　tomary law）は，すべて，わたしの言うところの規範の例である。

　X という共通知識は，その専門用語としての意味では，2 人以上の人々の間
で共有される知識である。各人は，X を知っており，他者が X を知っているこ
とを知っており，全員が X を知っていることを知っているといった連鎖が無限
に続く。男性が職場でジャケットとネクタイを着用することは，たとえフォー
マルなルールや取り締まりの手続きがなく，他に便利な代わりのものを着るこ
とができたとしても，男性が実際にジャケットとネクタイを着用し，他者も同
じようにすると考えるのであれば，それは社会規範である。この意味で，社会
規範あるいは慣習は集団の文化と区別がつかないものとなる［Sunder, 2002c;
Richerson and Boyd, 2004; Shiller, 2005］。

　規範の対象は信念ではなく行動である。このことが意味しているのは，観察された行動が規範に合致しているか否かを個人 A が主観的に常に判断できるということである。社会規範はコンセンサスである。つまり，単なる多数決でそれを支持するのは不十分であるが，かといって満場一致は必要ない。社会規範はまた，完全には特定することはできない。辞書やマナーの手引書のように，個人や集団は規範についての自分たちの理解を編纂して共有することができる。そのような規範の編纂物は，集団内の構成員にどれほどうまくアピールできるかによって，注目を集め，敬意を表され，そして権威さえ付与されることがある。規範の源泉となりうるものには，そのようにしか権威は付与されない。

5-2　会計規範

　収益を得るために行わなければならない必要なすべてのことが完了した時点で，そして取引の対価が受領されたかあるいは受領されることが合理的に確実な場合に収益を認識するというのは，1つの会計規範である。経営者，会計士，会計学を学ぶ学生は，企業がこのような方法で収益を認識するという期待を共有している。この規範は他の規範と同様に本来的に主観的である。各個人は，収益認識に関する特定のケースを見た後，それが規範に合致しているかどうかを判断することができる。場合によっては，満場一致は得られないかもしれない。ゆえに，コンセンサスこそが望みうる最良のものである。収益認識に関する規範にとって必要かつ十分なすべての条件を完全に列挙することは不可能であるばかりか，それは不必要でもある。他の社会規範と同様に，個人や集団がその規範が何であるかについて自分の見解を述べる自由はあるが，そうだとしても，会計規範の源泉となりうるものに権威がないという可能性もある。

　例えば，Paton and Littleton［1940］が本のタイトルに原則（Principles）ではなく「基準（Standards）」という用語を使用しているのは，「恒久性や普遍性」といった意味合いを過度に付与してしまうことを避けるためである。ここでは，次の点が重要である。すなわち，Paton and Littleton［1940］は「この小冊子の作製を可能とするために真剣に苦労して来た二十人以上のひとびとの

…個人的な意見の表明」（Howard C. Greer in Forward, p.vii）（中島訳）とし
ての規範に関するステートメントなのである。オックスフォード英語辞典は，
言葉について説明するものであると同時に，英語という言語を定義する際に強
い影響力を持つものでもある。同様に，エミリー・ポスト[a]やミス・マナーズ[b]
の本は，現実の姿の記述とあるべき姿の記述（description and prescription）
との微妙なバランスを取ることで，社会規範の1つとしてのエチケットについ
て，人気のある効果的な手引書として役立っている。Paton and Littleton の古
典的著作は，既存の会計実務の説明と，思慮深い説得を通じて会計実務を改善
するための柔らかなナッジ（nudge)[c]という，2つの特徴を有する。そのような
源泉に付与されるいかなる権威や敬意も，逸脱を罰する権限からではなく，そ
の読者が広く承認することと，逸脱を一般に承認しないことから生じるもので
ある。

　会計士が規範を軽視するようになってから長い時間が経ってしまったために，
会計実務を明文化して権威あるものとして発行することが，しばしば会計の進
歩あるいは前進と同義であるとみなされるようになってしまった。Zeff は著書
Lectures on Forging Accounting Principle in Five Countries において，以下の
ように記述している［Zeff, 1972, pp.1-2］。「イングランド＆ウェールズ勅許会
計士協会は，おそらく人為的な政策よりもむしろ自然の進化によって会計諸原
則を権威あるものとして確立させようとしてきた。…しかしながら，会計研究
の発展や会計原則の制定のペースが速まり始めたのはせいぜい 1969 年 12 月あ
たりからのことである。1970 年代の初めになってから，精力的で野心的な計画
が動き始めた[d]。」会計原則の歴史をルールを明文化するための組織的な努力の
プロセスであると考えるのであれば，それを明らかにするのはたやすいことで
ある。なぜなら，歴史家にとって，このようなプロセスを追跡するための文書
は比較的容易に入手できるからである。しかし，社会規範はたとえ広く認めら
れているものであっても，議事録等の公的文書にはほとんど痕跡を残さない。
会計規範の存在の裏付けは小説の中に見ることができる[45]。

　規範から基準へと真っすぐに向かう長い旅路がすでに始まっていたことは，

1909 年 4 月にアメリカ公共会計士協会（American Association of Public Accountants）が会計用語特別委員会（Special Committee on Accounting Terminology）に与えた次のような任務の中に見ることができる。すなわち，その任務とは「会計の用語やフレーズを，照合し整理し，それらが用いられる多様な用法のひとつひとつに関連させて示すことである。…本委員会は，会計用語の用法が複数ある場合，どれが正しいのか，さらにはどれが好ましいものであるかさえも決定しようとするものではない」[Zeff, 1972, p.112]。

アメリカ会計士協会（American Institute of Accountants：AIA）が作成した監査手続に関する覚書は，連邦取引委員会（Federal Trade Commission：FTC）によって承認されて「連邦準備通牒（Federal Reserve Bulletin）」として公表された後，1918 年に「貸借対照表作成の認められた方法」というタイトルで再発行された[e]。本文書には，「銀行，銀行家，および銀行協会；商業，製造業，および製造業者協会；ならびに監査人，会計士，および会計士協会による検討のために FRB によって提出された暫定的提案」という副題が付けられていた。この副題からも分かるように，その意図は，利害関係者との調整を図りながら規範を進化させることにあり，基準を課すことではなかった。

同年，AIA は「利息と原価との関係についての特別委員会（Special Committee on Interest in Relation to Cost）」を設置し，製造原価の一部としての帰属利子（imputed interest）に関する活発な論争に取り組ませることにした。当該委員会は帰属利子を製造原価に算入するよう勧告し，それは AIA の年次総会で承認されたが，会計規範として受け入れられることはなかった。AIA が会計手続の標準化に関する特別委員会を設置するに至ったのは，「最終的には会計手続の全国的な統一性に近づくような何かが確立されることを期待

---

[4] チョーサーやゲーテ，あるいはその他のドイツの小説の中に会計や商業の例がある。Russell [1986]；Gallhofer and Haslam [1991]；Jackson [1992]；Ganim [1996]；Maltby [1997]；Parker [1999]；Evans [2005] を参照。

[5] G. Waymire は（私との個人的な会話において），研究者が，顧客と監査事務所が交わした内部交信や議論の記録をあえて調べることはほとんどないが，実はそうした中に，社会規範の「痕跡」が見つかるかもしれない，と示唆している。

して，AIA が直面するすべての手続の問題を検討し，厄介な問題に関してそのつど提言し続けるため」であった［Zeff, 1972, p.116］。ここにおいてもまた，当該委員会の任務が，基準の制定ではなく，規範の発展を促すことにあることを意味している。当該委員会は 11 年の存続期間中（1918-1929 年），6 つの報告書を作成したが，AIA としての正式承認を得た報告書はなかった。

　会計の権威ある基準が存在しなかったということは，21 世紀初頭の会計の世界よりも 20 世紀初頭のそれの方がより無秩序であったということを意味するものではない。その当時の会計士が専門職としての規範を確認するために使用した可能性のある複数の有効な仕組みについて Zeff は論じている。まず，*Journal of Accountancy* の誌面や，おそらく *CPA Journal* の誌面も，会計や監査に関する活発な議論の場として，さらには論争の場として役立っていた。これは，権威ある基準が規範を排除していくにつれて，会計雑誌で大部分は放棄されていった機能である。1922 年から 29 年にかけて，AIA の出版部門は，会員から問い合わせのあった会計問題に関して 33 の「特別公報」を発刊したが，それらは AIA 本部の正式な承認を経たものではなかった。また，1931 年，AIA は 126 頁の「会計用語集（Accounting Terminology）」を刊行した。これは会計の専門用語やそれらの定義を編纂したものであり，権威あるものとしてではなく一種の助言として刊行されたにすぎない[6]。1920 年代を通して，そして 30 年代に入ってからも，AIA の委員会は，銀行貸付担当者の組織であるロバート・モリス協会（Robert Morris Associates）の 1 つの委員会と緊密に協力しながら，互いが直面する問題に対処すべく作業を行った。

　1929 年の株式市場崩壊とそれに続く不況は，会計規範への信頼の低下だけでなく，会計規範を進化させ維持してきたフォーマルあるいはインフォーマルなメカニズムの崩壊をも促した。非常に多くの財産と仕事，さらには人命さえもが失われたため，当時の会計規範は批判の対象となった。その社会契約は崩壊

---

[6] 原価計算用語集（Costing Terminology）のレビューの中で，Kitchen［1954］は，とりわけ会計の領域においては，公的な定義を発行する誘惑に反対すべきだという点に関して，優れた主張を展開している。Baxter［1953］も参照。

したのである。それはまさに犯人を見つけ出し，処罰する—あるいは少なくとも拘束する—ときであった。政治家は立法という自らが選択しうる唯一の方法で対応し，問題への対応策として，規範や民間でのイノベーションに代えて証券諸法を制定して証券規制を導入した[7]。それからの70年間，会計・監査の不祥事は，財務報告に対して規範が十分に有効な指針を与えることができないことの証拠として解釈された。規範は軽視されたり，まったく無視されたりさえした。エンロンやその他のスキャンダルによって，議会は，SECの監督下で会計ルールを作成するというFASBの役割を取り上げ，自らが会計ルールを作成するようSECに要請することを検討した。より良い財務報告は専門家の審議によりトップダウン形式で設計されうるという信念に支えられ，いまや制定された会計基準が会計を支配しているのである。1939年から現在にかけて，会計ルールを作成することでより良い財務報告を行わせるという目標が達成できると期待して創設された諸機関については第6章で議論する。

5-3　規範はどのように機能するか？

　社会規範は主観的であり，完全には特定できないのであるが，財務報告という争いの多い環境—そこでは，しばしば巨額のお金を儲けたり失ったりする—の下で，社会規範はいかに機能しうるのであろうか。規範はコモンロー諸国において重要な役割を果たしている［Posner, 1997; Ellickson, 1991, 1998; Eisenberg, 1999］。フォーマルなルールや規制とは異なり，社会規範に従う動機は，他者が規範からの逸脱を認めてくれないのではないかと予想したり，あるいはそのことに恐怖さえ覚えたりすることに根ざしている。社会規範は，個人によって内在化される傾向があるため，人々は規範に従うことで道徳的・倫理的義務を果たしていると感じるようになる。社会規範が十分に内在化されれ

---

[7] Jamal et al.［2005］も参照。彼らは，電子商取引におけるプライバシー実務に関する認証を提供するために米国のサイトシール（web-seal）の市場が進化したことを発見している。一方，EUのより厳しい規制体制下では，そのような認証機関は発展してこなかった。

ば，それから逸脱することは稀になり，そうなると当該集団のメンバーは，規範に従っているかどうかの監視に費やす資源を削減するだろう。

　そのような状態を，信頼という言葉で特徴づけることができるか否かは明確ではない。信頼という問題を考える際にはいくつかのアプローチがある。1つは交渉アプローチであり，これはロナルド・レーガン米国大統領が1987年に中距離核戦力全廃条約の交渉の中で用いた「信頼せよ，だが検証せよ」というロシアの諺の中に例示されている。いま1つは，ウラジーミル・レーニンの言葉と言われる「信頼は良いことだが統制はもっと良い」という表現の中に反映された，評判，確信，および忠誠を強調するものである［Seligman, 1998］。心理学［Cook, 2001］，社会学［Granovetter, 1985］，および政治学［Putnam, 1993］の数多くの文献において，社会における信頼創造の鍵となるメカニズムは，人的な関係および市場参加者の社会的埋め込み（social embeddedness）[f] であり，法的なルールやフォーマルな執行の仕組みではないということが示されている。

　個々人の利益と集団の利益が対立するようなゲームにおいて，相互信頼がより強い集団はより効果的な成果を達成するという実験研究の証拠がある［Berg et al., 1995］。多くの国々から収集したデータのクロスセクション分析では，信頼と経済成長の間に関連性があるという証拠も見出されている［Beugelsdijk et al., 2004］。世界金融危機のときに巨額詐欺行為を行ったマドフ[g] が顧客の信頼に付け込んだと断定するのはもっともなことであろう［Bray, 2009］。マドフの顧客の多くは彼と民族的につながっている組織からのものであり，彼らを桁外れの規模で欺いたのであった。経営学の文献と企業実務におけるインセンティブ報酬の称揚が，ビジネス界全体，特に金融機関に対する公衆の信頼を損なう行動を引き起こしたように思われる。

　信頼の社会心理学的意味と，集団のメンバー間でそれを構築し，維持するためのメカニズムについては，今なお議論の的となっている。

5-4　裁判所と陪審員[h]

　陪審員は，被告人が合理的な疑いを超えて有罪かどうかを問うというやり方

で，被告人の行為が殺人，暴行，または詐欺といった重大犯罪にあたるか否か
を決定している[8]。法律はこうした規範を，明確で，権威のある，完全で，客観
的な言葉に置き換えようとはしない。合衆国憲法（憲法とは共和制の国の統治
制度全体をカバーする文書である）は5000語未満で書かれていた。英国には明
文化された憲法さえない。両国の統治の大部分は，規範に依拠している。会計
士が扱う問題の重要性が裁判所の判決よりも高いわけではない。しかし，会計
士は，それが不可能で終わりのない作業であるにもかかわらず，完全性，客観
性，統一性を追い求めて，熱心に規範を明文化されたルールに置き換えようと
しているように思われる。

　被告人が合理的な疑いを超えて有罪かどうかについて，陪審員が評決を下す
ことを求められるとき，利益相反の可能性を最小限に抑えるように注意が払わ
れる。陪審員候補者は，このような利益相反があるか否かを明らかにするよう
求められ，検察官と被告人弁護士は，そのような利益相反を有している可能性
のあるいかなるメンバーも選任しないようにする。被告人が有罪であるか無罪
であるかに関して予断があるかもしれない人々を除外し，裁判の過程で不当な
影響を受けないよう陪審員を守るために注意が払われる。そうした不当な影響
の脅威が存在する場合，裁判官は陪審員を保護するために，陪審員を隔離する
かもしれない。陪審員は，「合理的な疑いを超えて」という曖昧に定義された
目的に到達するよう奨励されるが，審理自体が裁判官または上級裁判所から後
知恵で批判されないことが保証されている。陪審員の評決は，手続のルールが
守られていなければ覆される可能性があるが，他の誰かが当該評決を不合理で
あると判断するからといって覆されることはないのである。もし会計士や経営
者が財務報告に規範のいくつかの要素を保持しようとするならば，彼らもまた

---

[8] 11億ドルの詐欺で告発されたワールドコムの元CEOのバーナード・エバースに対して
陪審は，2005年5月15日に，すべての訴因で有罪評決を下した［Belson, 2005］。評決
後，新聞は陪審員の1人の発言を引用して以下のように報じている。この陪審員は，検
察側の重要証人であるスコット・サリバンを信用しなかったが，エバースのことも信
用しなかったので，エバースを有罪だと判断した。

自身や他者へのそのような信頼を醸成しなければならないし，自らが信頼する
に値することを証明しなければならないであろう。

5-5　インサイダー取引

　SECがインサイダー取引に関する違反で誰かを罰するか否かを決定するとき，
SECのルールと構造は，SECの判断を利益相反から保護するように設計されて
いる。もしSECが罰則手続をとることを選択したならば，その判断は，自身が
同様の手続によって保護されている司法省弁護士の再審理の対象となる。「イ
ンサイダー取引」と「合理的な疑い」の定義が完全とは程遠いにもかかわらず，
司法省は最終判断を仰ぐために裁判所に訴訟を提起することもある[9]。

5-6　憲法

　成文憲法でさえ，すべてのルールを含むことはできない。すべての事柄が法
律に書かれているわけではない環境において，裁判所の判決は，米国では合衆
国最高裁判所（英国であれば，連合王国最高裁判所）を越えて上訴することが
できないという最終権限を裁判所に与えることによって支えられている。
　要するに，政府の官僚機構（government hierarchies）および裁判所は定め

---

[9] 立法，行政，司法という3つのレベルすべてが，インサイダー取引に関する合衆国の
「法律」を形成するに際して，それぞれ役割を果たしてきた。1934年証券取引所法第10
条(b)は，「相場操縦的または詐欺的」な手段を用いることを違法とした。ルール 10b5-
1(a)でSECは，同法第10条(b)は，証券または証券発行者に関する重要な非公開情報
に基づいて「いかなる証券発行者の証券の購入および売却」をすることをも含む法律
であると解釈した。2014年12月に，合衆国第二巡回区控訴裁判所は，2つのインサイ
ダー取引の第1審での有罪判決を覆し，内部情報を提供する者がそうすることから何
らかの個人的な便益を得ていなければならず（単に個人的な友人関係にあるだけでは
要件として不十分である），さらに情報提供者がそうした便益と引き換えに情報を与え
たことを情報を受け取った者が知っていなければならないという要件をインサイダー
取引成立の要件に加えた（合衆国対Newman訴訟，2014年）。この判決は，検察に強
い証拠要求を課していることから，インサイダー取引訴訟における検察側の大きな敗
北と見なすものもいる。合衆国連邦最高裁判所は本件について上告を棄却した。議会
が将来法律を改正するかどうかは今のところ不明である。

られた手続と自らに付与された権限を用いることで，不完全かつ不明確にしか定義されていない環境でも有効に機能しているのである。このような構造の中に組み込まれた厳格さは，恣意性ではなく依怙贔屓に対する批判i からこの構造を保護するためである。つまり，依怙贔屓がないことが重要なのであって，恣意性があるのはそれほど悪いことではないように思われる。

5-7　会計における規範

　公開企業の財務報告書は，企業経営者によって作成され，外部監査人による検査と認証を受ける。過去80年間にわたって，このプロセスは連邦証券諸法の下で SEC によって規制されてきた。この証券諸法には最近，2002 年 SOX 法が追加された。すべてのアクター（経営者，監査人，規制当局）は，その個人または集団の利益と他者に対する義務や責任とを比較考量しているという意味において，利益相反を抱えている[10]。例えば，報酬が産出量に連動する石油会社の経営者は，そうすることが原油価格のさらなる低下を引き起こすにもかかわらず，原油価格が急激に低下しても大量の石油を採掘してきた［Dezember et al., 2016］。監査人は，生活費を稼げるだけの十分な報酬を確保できるかどうかだけでなく，監査契約を維持できるか，規制当局に制裁を加えられないかを心配している。規制当局は，これら対立する利害の相互作用の結果と，支配的な社会規範—それは常に安定しているわけではない—とが適度に一致するようルールを明文化するという困難な任務に直面している。

　会計はしばしばビジネスの言語と呼ばれるように，自然言語やその他の社会規範と共通するある種の制御不能性を有している（本書冒頭の Klinkenborg の引用を参照）。プロフォーマ財務諸表は良い例である。プロフォーマ財務諸表という用語は，仮定ベースの取引または事象を含むように作成された財務諸表を意味するものとして広く知られていた。ある事業体が，例えば，もし企業 X を買収していたならば，あるいは巨額の資本投資を行っていたならば，当該事

---

[10] この件に関するさらなる研究については，投資責任資源センター（Investing Responsibility Resources Center）のウェブサイト（https://www.irrc.org）を参照。

業体の財務諸表はどのようなものであったであろうか。言い換えれば，non-GAAP ベースの利益は，悪いものを全部抜いてバラ色の業績を描くのである [Brown et al., 2016 を参照]。2015 年において，主要米国企業（S&P 500 企業）が報告した non-GAAP ベースの利益に対する GAAP ベースの利益の比率は平均 69 ％であった。この件に関して次の 2 つの経済メディアの論評がある。

　　…あることについて心配している人々は，多くの場合，人々がそのことについて十分に心配していないことを心配している。しかし，実際には人々は常にそのことを心配しているのである。当然のことながら，米国の公開企業は一般に認められた会計原則のもとで財務業績を開示しているが，この財務業績がその企業の根底にある経済的現実についての不完全で人為的な近似値に過ぎないことを思い出そう。だが，企業は，自らをより良く見せることになる non-GAAP 数値をも開示している。企業は何とかして投資家やアナリストをだまして，「現実の」数値ではなく non-GAAP 数値にのみ目を向けさせようとしている，と心配する人がいる。しかし，投資家やアナリストはそのことに対して絶えず苦情を言っている。では，誰がだまされているのだろうか。[Levine, 2016, in Bloomberg]

そして Ro ［2016］も以下のように述べている。

　　目下，基準化された会計原則によって測定された利益は，経営者が投資家に主張したい利益よりもはるかに小さいものである。それゆえ，億万長者の投資家やウォール街のストラテジストは，私たちが目にしてきた利益成長の大部分が実際には単なる幻想に過ぎないかもしれないという恐怖と闘っているのである。

SEC や FASB/IASB のような行政的なメカニズムが続けてきたあらゆる努力

図表 5-1　S&P500 のプロフォーマ（non-GAAP）EPS に対する GAAP EPS の比率

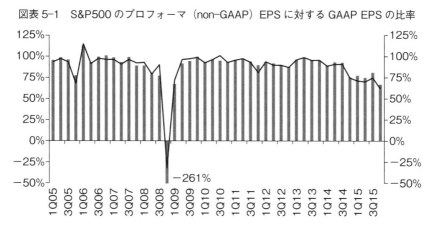

棒グラフ：金融機関を含む。折線グラフ：金融機関を除く。
出所：Deutsche Bank, IBES.

にもかかわらず，そうした努力はビジネスにおける言語や言葉の意味の進化を
制御することに成功していない。規制当局がずる賢い作成者の不実開示から必
死になって守ろうとしていたのは，まさに投資家とアナリストや財務の専門家
であったが，彼らは十分に警告を受け，情報を与えられているにもかかわらず，
承認されていない会計数値を鵜呑みにして企業評価を行うことに熱心になって
いるように見える。

5-8　利益相反

　財務報告書の作成に際し，専門経営者は，利益相反の状態に置かれる。それ
は特に，自身の報酬，雇用維持，および経営者労働市場での評判が自分たちの
作成する財務報告書の数値に左右されやすい場合にそうなる。ここ数十年，企
業は経営者のインセンティブを株主の利害に沿ったものにするというエージェ
ンシー問題を，経営者報酬と財務報告書上の業績数値やその代用物（例えば株
価）とを積極的に連動させることによって解決しようと試みた（Jensen and
Murphy［1990］を参照。また，インセンティブ報酬が機能していないことを
論じたものとして Kohn［1993］を参照）。業績ベースのボーナスを大きくする

ことによってエージェンシー問題を解決しようとすれば，財務報告書を作成する際の利益相反が強まるので，より良い財務報告の指針となって，その誠実性への信頼を維持するために，完全には定義することのできない社会規範を用いることはますます困難になる。

　経営者の利益相反は，外部監査を通じてコントロールされると考えられた。しかし，外部監査人として公認会計士を選択することは監査人の側に利益相反を生み出してしまう。それは，公認会計士のサービスに対する報酬は，その顧客である企業から支払われるため，完全には定義することのできない社会規範の下で監査人が活動する場合には特に，収入源を失うかもしれないといった見通しが監査人の判断にバイアスをかけてしまう可能性があるからである[11]。

　1970年代までは，監査人の側で利益相反が生じていたが，公認会計士の間でのオープンなビジネス競争を和らげる内部の自主規制や倫理規定といった専門職としての特権を与えることによって，それはコントロールされていた。他の多くのビジネスとは異なり，会計士は他の事務所の顧客や従業員を勧誘することが禁じられていた。競争と規制の経済理論の台頭に伴い，1979年に公認会計士はこうした競争に対する障壁を取り除かなければならなくなった[j]。監査サービスの品質は，事前も事後も，本質的に観察できないものであるため，自由競争の導入は価格と収益性の低下をもたらし，その結果，監査サービスの品

---

[11] 1993年3月31日から4月8日に開催された上院銀行・通貨委員会における公聴会で，本筋から外れた議論においてではあるが，被監査企業から報酬を得る監査人の独立性の潜在的な問題について触れられているのは驚くべきことではない。この公聴会は，法案番号 S. 875「州際通商における投資証券に関する情報提供および取引の監督を規定する法案」に関するものであり，バークリー（A. Barkley）上院議員と AIA のカーター大佐（Col. Arther Carter）との以下のやりとりが含まれている［Elleuberger and Mahar, 1973, Item 21, p.58ff］:

　「バークリー上院議員：あなた方がコントローラーを監査するのですね。
　カーター：はい。公認会計士がコントローラーの決算書を監査します。
　バークリー上院議員：では，誰があなた方を監査するのですか。
　カーター：我々の良心（our conscience）です。」

質を低下させる圧力が生じた。

　監査事務所は，顧客にアドバイザリー・サービスを販売することでその収益性を回復しようとしたため，監査サービスはコンサルティング部門のパートナーが顧客にアクセスするための採算度外視の目玉商品となった。監査サービス市場における競争の促進は，監査人の既存の利益相反―それは顧客からの収入に依存している監査人に固有の利益相反である―を悪化させるという意図しない帰結をもたらした。このように利益相反が増幅される環境の中で，もはや監査人は経営者自身と同様に，会計の社会規範に基づいて偏りなく判断を下すことはできなくなった。業績ベースの経営者報酬が多く使われるようになると，自らの報酬に直接影響を与える会計方法に対する経営者の関心の度合いは強まる。その結果，経営者は自らの思い通りに監査人が動くよう，以前にもまして強く求めるようになる。同様に，監査サービスの市場における競争もまた，顧客を繋ぎとめようとする圧力を監査人に与える。特に，言いなりになる監査人を経営者が探そうとしているとき，その圧力はより大きくなる。自らの経済的動機を隠したまま会計サービスを提供し続けるよう迫られた監査人は，「ソフトな」社会規範に代わって「ハードな」財務報告基準を要求する方が簡単であることを理解している。

5-9　決定の最終権限

　後知恵で批判されたり覆されたりすることのない決定の自律性が，社会規範の使用を支えている。しかし，決定の自律性があるということは，結果として判断の誤謬が生じないということを意味するものではない。陪審における決定は後知恵での批判を受けないが，それでも陪審員は，訴訟当事者，メディア，および自分たちの友人，隣人，家族，および良心の目にどのように映るかを考えなければならない。同様のことが，最高裁判所の判事にも言える。自らが下した判決の結果，裁判所およびその個々の裁判官が市民にどう見られるのかを，最高裁判所の判事は気にかけなければならない。一方，企業経営者や監査人の決定は，十分な自律性を有してはいない。彼らの判断は常に他者がその結果に

対して行う批判の対象となるのである。

　経営者と監査人との間の利害対立と，その結果としての自律性の欠如を考えれば，財務報告について社会規範を使用することは難しくなる。もしかすると，SEC のような外部の官僚機構は社会規範を使用できるようにするのに役立つかもしれない。しかし残念ながら，この解決策は実現不可能である。企業の財務報告においては，その会計システムにどのような数値が入力されるかを決定する際に，あらゆる段階で多くの判断が必要になる。このように，社会規範を使用して公開会社の財務報告書を作成するには詳細な経営管理上の情報が不可欠であるが，いかなる中央省庁もそうした情報を十分に手に入れることはできない。

　もう1つの可能性として，そのような目標を達成するために，組織の会計機能を企業内部の官僚的機構に委ねることが考えられるが，それには当該機構が社会規範の追求を責務とし，経営上の機能とインセンティブから切り離されていることが必要である。そのような自律性を持つ機構は，たとえ運営上は実行可能であったとしても，上述のように情報劣位に陥ることになるだろう。2002年の SOX 法でさえ，企業内部の会計・監査部門が CEO と CFO を飛び越えて取締役会の監査委員会または SEC などの外部規制機関に直接報告することを推奨してはいない。また，内部通報プログラムは，政府機関以外の組織にはほとんど影響を与えてこなかった。おそらくこれらすべての条件により，財務報告における社会規範の役割と一般承認性を奪うような累積的な圧力が働いてきた。

5-10　会計の辞書や目録

　成文化（codification）とは，体系的な編纂物に，既存の慣習，実務，ルールを識別し，整理し，書き記そうとする試みである。これに対して，規範法（normative laws）は未だ達成されていない模範を示した基準である。一般に認められた会計実務という考え方は，成文化として始まったが，時が経つにつれて，規範法的なものへと形態変化していった。これら2つは，内容，意図，結果に

おいて根本的に異なる。慣習等の成文化は，辞書のようなもので，現在の実務，理解，および期待についての個人あるいは集団の判断に依拠した1つの編纂物である。そのような成文化が持ち得る権威は，関連する規範の貯蔵庫として人々が積極的にそれを受け入れることからのみ生み出される。

　辞書は誰でも作成することができる。しかし，それを尊重したり，それに従ったりするかどうかは，利用者の集団的判断の問題である。利用者は，自分たちがある言葉を使うときに他者がどのような意味で用いているのか，あるいはその言葉が自分たちが伝えたいことを意味するように他者に理解されるか否かについて，より適切な感触を得るために辞書を参照する。自然言語では，ある言葉の意味は社会規範であるから，それは唯一無二であったり正確であったりすることはほとんどなく，文脈に依存しており，時間の経過とともに変化する。そのような変化を捉えるべく辞書の新版が発行されるのである。1952年から1983年の間にコーラー（E. L. Kohler）が著した *A Dictionary for Accountants* は6版を重ね，コーラーの死後，クーパー（W. W. Cooper）とイジリ（Y. Ijiri）によって編集されて *Kohler's Dictionary for Accountants*（Cooper and Ijiri [1983]）として出版された。それは，会計の社会規範を成文化しようとする試みの一例である。グレイディ（P. Grady）の *Inventory of Generally Accepted Accounting Principles for Business Enterprises*（1965）もまたそのような例である[12]。

　著書の序文で，彼はその任務を以下のように明確に述べている［Grady, 1965, p. ix］。

---

[12] ここでは以下のことを指摘するだけで十分であろう。コーラー会計学辞典［Cooper and Ijiri, 1983］における規範（norm）の定義は「権威ある基準（authoritative standard）；ルール（rule）」，基準の定義は「コンベンションから生まれる一般的な行動様式，またはより高次の権威によって提唱もしくは強制される行動様式」である。一方，ルールの定義は「なすべきこと，または定められた作業を詳細に示す命令，指図または指示」である。コンベンションは「明示的または暗示的な共通の同意によって…用いられる実務のルール」と定義されており，これが本書で使用されている norm という用語の感覚に最も近い。

　目録（inventory）という言葉が示すように，この任務は新しいあるいは改善された会計原則を発見することではなかった。それはむしろ，以下のような仕事であった。

1. 一般に認められた会計原則が指向している基礎的概念を議論すること。
2. ある企業に投資している人々や，投資家以外でも当該企業の財政状態や経営成績に真に関心を有する人々に対して，受託者としての会計責任を企業が履行するうえで不可欠だと現在のところ考えられている会計原則（あるいは実務）のリストあるいは要約を作成すること。
3. APB および CAP の意見書およびその他の権威ある会計公表物のうち現在有効なものを，この一般に認められた会計原則の要約に合理的に関連した方法で分析し，提示すること。
4. 企業および公認会計士が実際に使用できるように会計を成文化するうえで必要な説明や関連付けを提供すること。

　編纂を通して会計規範の形成を促そうというグレイディの意図は，AICPAの「研究計画特別委員会（the Special Committee on Research Program）」の報告書にルーツがある。それは AICPA の評議会によって修正のうえ承認された。同報告書は以下のように述べている。

　　　財務会計領域における AICPA の一般的な目的は，メンバーおよびその他の人々に指針を与えるために，何が一般に認められた会計原則を構成するのかを文書（written expression）として示すことでなければならない。この文書化は，既存の実務のサーベイ以上のものを意味している[13]。つまり，適切な実務を決定し，実務における差異や一貫性のなさを減じるための継続的な努力を意味しているのである。この目的を達成するに

---

[13] AICPA は，*Accounting Trends and Techniques* というタイトルで，既存の財務報告実務の定期的サーベイを実施し，公表した。この作業は今日まで続けられ，第 64 版は 2010 年に出版された。

は，強制よりもむしろ説得に頼るべきである。しかし，AICPAは，未解決で議論の余地のある問題についての答えを導くために具体的な措置を講じることができるし，またそうすべきである［Grady, 1965, p. x］。

AICPAとグレイディは，合意する領域を拡大する方向に，人々を強制的に押しやるのではなく誘導するための一種の編纂物や促進物としての役割を念頭に置いていたように思われる。それは組織化された努力であり，ミス・マナーズの本以上のことを行っているが，フランス語を定義し，保護し，管理し，宣伝するというアカデミー・フランセーズ[k]の努力ほどには至っていない。

コーラーの辞典やグレイディの目録という考え方は，ある取引を処理する認められた会計方法は複数あり，特定の状況においては，ある方法が別の方法より望ましいことがありうるということを前提としているが，これとは対照的に，会計処理の統一性や比較可能性という規準は1つの取引に対して単一の会計処理しかないということを含意している。社会規範はしばしば，一定の幅のある行動から構成される。代替的な会計処理が認められないならば，認められた方法とは別の会計処理を報告主体が選ばなければならないような相違があるときに，その相違に関する情報を他者に伝えることはできなくなる。Morison［1970, p.281］は以下のように述べている。

　　自由闊達で理性的な議論を行うことが依然として人間社会の真実に近づく最善の道であると信じるほど，私は十分に古風である。したがって，私は企業に，自らが適すると考える方法で財務諸表を提示する最大限の自由を与えるであろうし，選択した経緯の説明を行い正当化するよう企業に要求するであろう。監査人の仕事—それは決して軽い仕事ではない—は，企業がそれを実際に行ったということを保証し，そして彼らが公正に行ったということを確かめることであろう。

たとえ「最大限の自由」が許されないとしても，慎重に選定された少数の競

合する方法の中から企業に選択させることは，財務報告書の利用者により多くの情報を与えるであろう。

5-11　規範か基準か

　21世紀の初めには，会計に対する社会規範，慣習，またはコモンローによるアプローチを認識している人はごく僅かしかいなくなってしまったようであり，そのようなアプローチに対する支持者はほとんど残っていない。Hatfield [1927, pp.537-539] は131件の訴訟を引用しているが，いまや米国の教科書はコモンローを締め出してFASBとSECの公表物からの引用であふれてしまっている。米国は現在，財務報告のための（法による執行を伴った）よりフォーマルな制定基準モデルを支持しており，世界の多くの国々も米国にならっている。しかし，フォーマルな制定基準が財務報告の社会規範よりも優れているという証拠は得られておらず，基準を強制することの有効性も依然として証明されていない。少なくとも，基準が社会規範を凌駕するという前提で進めてはならないのである。証拠がなければ疑わしきは罰せずであり，「統治することのもっとも少ない政府こそ最良の政府」[14] というソローの格言に行きつくのが良いかもしれない。

　フォーマルな執行力を持つ明文化された基準は，具体的で明確である。基準はそのつど書かれたものとして公表され，広く知れ渡らせるのが容易であり，

---

[14] Thoreau [1849, 第1パラグラフ] は次のように述べている。「『統治することのもっとも少ない政府こそ最良の政府』というモットーを，私はこころから受け入れるものである。また，それがよりすみやかに，組織的に実施されるところをぜひ見たいと思っている。それが実行に移されるならば，とどのつまりは『まったく統治しない政府が最良の政府』ということになり，これまた私の信念にかなうわけである。ひとびとが，このモットーを受け入れる覚悟ができたとき，彼らがもつことになるのは，まさにそのような政府であろう。政府とはたかだか，ひとつの方便にすぎない。ところが，たいていの政府は不便なものときまっており，またどんな政府にしろ，ときには不便をきたすことがある」（飯田訳）。またEmerson [1844] は以下のように述べているので参照のこと。「ゆえに政府が小さいほど，我々はより良いものを持つことになる—法律が少なくなり，それに託す権力も小さくなる。」

一定の正確性でフォーマルに記述されているので，一行ごとに引用・分析・議論することができる[15]。明文化された基準は，利害関係者の参加が認められる，よく知られた制度的プロセスのある時点で出現する。環境が変化したり，現行基準が望ましい行動パターンを誘導できると考えられなくなったりした際には，現行基準の変更案を策定し，さらに当該変更案を承認・公表するための明確に定められた手続きに付託する系統的プロセスが用意されている。

　このように基準を設定・改訂するための透明性のある制度的メカニズムは，民主主義の政治形態においては当然のごとく魅力的である。事故や不祥事のあとに，「ルールが明確ではなかった」と言うのは，グッド・プラクティスを行ってこなかった悪人や経営者にとっての防御の常套手段である。基準の成文化——すべての人々に分かるようにルールを明確にすること——は，政治的批判を落ち着かせるために頻繁に選択される対応である[15.1]。明文化されたフォーマルな基準はまた，「グッド・ハウスキーピング」[m]の感覚にもフィットする。

　社会慣習や社会規範はあまり明確には定義されておらず，時代や場所によって変化するので，学習したり理解したりするためには社会化のプロセスの拡張が必要とされる[16]。慣習と慣習でないものとの間に，境界線を明確に引くことはできない。つまり，規範に関してある集団の個々のメンバーが持つ信念はかなりの程度オーバーラップしているが，しかしそれは完全に一致しているわけではない。戦略的な曖昧さが不正を減らすのに役立つかもしれないと主張されてきた［Lang and Wambach, 2010］。規範は，それぞれの時と場所に固有の定義を持っているとはいえ，それは目に見えない，またはよく理解されていない

---

[15] 不正な財務報告実務について大企業を非難するリプリー（W. Z. Ripley）の *Atlantic Monthly*（September 1926）の記事 "Stop, Look, Listen!" に応えて，G. O. メイでさえも以下のように言った。「…私には，監査人の権限と責任のより明確な定義を伴う独立監査の拡大は，リプリー教授が不満を述べている欠陥をただすために見つけられうる最も優れた救済策の1つであるように思える…。」メイは，米国の会計プロフェッションの影響力あるリーダーで，基準よりも規範を強く擁護した人であった。本書第3章注4を参照。

[16] 自然法論については Fuller［1964］と Dworkin［1986］を参照。規範の社会学の概観については Coleman［1990］と Hechter and Opp［2001］を参照。

プロセスを経て，ほとんど知覚できない小さなステップでしか進化しない。規範の進化は極めて分散化しており，どのルールあるいは実務がより良いものであるかを正確に知ることや，その将来の方向性がどうであるかを予測することは，専門家でさえも困難である。進化のプロセスは不明瞭ではないのだが，定義が欠如していたり，規範がどのように進化するのかについて我々があまり理解していなかったりすることから，規範の不透明さは増してしまう。不祥事や危機が起きると，専門性や効率性があるという主張に基づいて既存の制度を正統化することはできなくなる。それゆえ，危機に際しては，意思決定を行う政治家や官僚が，既存の（しかし当該危機によって信頼を失った）規範や企業実務ではなく，それに代わって新しく明文化された基準に依拠して市場や社会を運営しなければならないという圧力を感じることは，驚くべきことではない。Paton and Littleton［1940, p.5］では以下のように指摘されている。

> 自明のことながら，通則（rules）は個別的な状況に適合せしめられ異なった便宜観念や代替物による効果の影響を受けて企業によって異なりがちである。同一企業のなかでは通則の変遷は緩慢なのが常である。既定の通則を持続することにより，利害関係者が会計資料を正しく解釈する能力をいちじるしく増大しうるためである。それゆえ，通則を法典化（codification）しようと試みるのは無益であり，また，それが試みられたとしてもすべての型の企業が一つの方法に帰することを望むのは愚かである。（中島訳，8頁）

5-12　執行と有効性についての信念

　歯科医は，歯列矯正装置を装着するとき，歯並びを整えるために慎重に調整された量だけ圧力を加えるよう細心の注意を払っている。歯が動くと圧力が弱まるので，歯科医は圧力をまた強めるために数週間ごとに矯正装置を調整する。歯科医は経験を通して，一定の限界を超えて大きな圧力を加えると，身体組織の抵抗を増加させるだけで，満足のいく結果をもたらさないことを発見してき

た。

　法律において，違反に対する罰則を最大化することが，必ずしも違反の頻度や程度を最小化する最善の方法ではない。罰則の脅威が存在するときには，きまって抵抗が誘発される。罰則が大きいほど，罰則を回避するために費やされる資源が大きくなる。街中でパーキングメーターの時間超過に対して科される罰金が 15 ドルであれば素直に支払うだろうが，1,000 ドルとなると裁判を起こすかもしれない。

　Hayek［1945］が指摘しているように，規制当局の有する情報が不足しており，また情報収集が困難なときは，効率的に決定を行う当局の能力は限られたものになる。当局は規制を行うことでイノベーションを促進するという責任を負っているが，そのような環境において重い罰金を課すことは，被規制者が正直に情報を提供するのを阻害するので，イノベーションに関する情報の流れを制限する。したがって，情報という観点からみたとき，このことは罰金を軽くする理由となる[17]。

　過去数十年にわたり，明文化された会計基準の背後にある執行力が強くなればなるほど予想される遵守度が高まるという信念に牽引され，会計基準の背後にある執行力のレベルが徐々に引き上げられてきた。もともとは会計士の専門的判断に依拠していたものが，1937 年には SEC の会計連続通牒で「権威ある支持」が要求され，その後，会計基準設定機関が設置されると明文化された基準への準拠が求められるようになり，そして 1977 年の連邦海外腐敗行為防止法および 2002 年の SOX 法では内部統制が要求される，というように要件が段階的に加えられてきたのである。しかし，こうした試みがなされると，それに伴って，違反が摘発され罰則が与えられるのを回避するためにより多くの資源が費やされるという事態も招いてきた。その結果，企業経営者，会計士，投資銀行家の側の公正な表示（fair representation）に対する個人および職業人としての責任感は薄れ，彼らの態度は「禁止されていないものは何でも容認され

---

[17] この可能性を示唆してくれた Jonathan Glover に感謝する。

るにちがいない」というものへと変わっていった。ここ数十年にわたる会計の基準化（standardization of accounting）は，前述のように，明文化された会計基準の背後にある執行力が強くなればなるほど予想される遵守度が高まるという信念によって牽引されてきたように思われる。しかし，この信念を支持する明確な証拠はない。

インフォーマルな社会慣行をフォーマルに執行することを，コモンロー・システム外で行うのは困難である。しかし，ビジネスに参加する人々の間の社会的関係によって，良い（または悪い）フィードバックや評判が急速に広まったり，利害関係者間で共同体意識が形成されたりするような「口コミ」のメカニズムが創出されうる（綿花取引の例については Bernstein [2001]，ダイアモンド取引については Shield [2002] を参照）。新しいインターネット技術は，人々がこれらのソーシャル・ネットワークを著しく拡大するのを可能にするのである [Dellarocas, 2003]。

社会規範という考えは，国内だけでなく国際的にも通用する。人権運動は，世界の多くの地域で政府の政策を変える大きな力となってきた。米国は他国による主権侵害から自国を守るのに熱心なのだが，未成年犯罪者や精神障害を持つ犯罪者の死刑に関しては，進展する国際規範に譲歩しているように思われる。2005 年 3 月 1 日，合衆国連邦最高裁判所は，18 歳未満の犯罪者に対する死刑を廃止した。そうすることによって，「世界の自由の先導者を自称する米国」は，未成年犯罪者に死刑執行している中国，コンゴ，イラン，ナイジェリア，パキスタン，サウジアラビア，イエメンといった国々と決別した [*The Economist*, 2005]。合衆国連邦最高裁判所は，ゆっくりと進展する国際規範のプレッシャーに屈したのであろう。もっとも，成人の殺人犯に対する死刑は残っており，この点では米国は依然として多くの同盟国と歩調を合わせていないが，将来的には国際規範に従う可能性がある[18]。

基準アプローチは一見すると，明確性（clarity），明示性（explicitness），および執行力といった長所を兼ね備えているが，それと同時に，規制に対する進化プローチまたは社会慣行アプローチと比べて劣る点をいくつか有している。

しかし，帰納的に導かれた会計原則（Littleton, 1953，第11章を参照）は，いくつかの基本的な仮定や公理から会計原則は演繹できるという考え方に屈してしまった［例えば，FASB, 1978; Bullen and Crook, 2005; Dopuch and Sunder, 1980; Bromwich et al., 2005］[19]。

　以下の節では，これらの問題を電子商取引の文脈で検討する。そこで指摘することの多くは，財務報告にも当てはまる。

5-13　電子商取引における規範と基準

　規範をより重視し，基準をそれほど重視しないような体制へ転換したと仮定しよう。では，それが機能するか否かを，どのようにして知ることができるだろうか。完全に知ることはできないのだが，我々は会計における歴史的経験から，そして電子商取引，薬物乱用やアルコール中毒，法律などを含む社会のその他の領域での経験から，重要な教訓を得ることはできる。電子商取引サイトにアクセスするとき，そのプライバシーポリシーを印刷して実際に読む人はほ

---

[18] *The Economist* [2005] によれば，以下のようである。「ケネディ（Anthony Kennedy）最高裁判所判事によって書かれた多数意見において，最高裁判所は『少年の死刑に反対する国際的な意見の抗しがたい重圧』を認めた。最高裁判所は，外国の意見は法的にも道徳的にもアメリカの法律に対して拘束力はないと明確に述べたのであるが，それにもかかわらず外国の意見は，火曜日の判決に対する『尊重される重要な確証（respected and significant confirmation）』を与えた。しかし，そのようなケースは今回が最初ではない。2003年のLawrence対Texas事件の判決で最高裁判所は，個人的な同性愛的行為を禁じる州法を無効とした。最高裁判所は以下のように判決した。「先例となる判決の基盤が深刻な侵食を受けた場合，他の源泉からの批判がより重要な意味を持つ…。Bowers事件の判決（反ソドミー法を支持した以前の判例）は，より広い文明との共通の価値観（values shared with a wider civilization）に依拠していたのであるが，欧州の人権裁判所では，この判決の判断根拠は否定されており，他の国々も同性愛の成人が親密で合意に基づく行為を行う権利が保護されることを肯定する判決を一貫して下し続けてきた。」

[19] G. Waymire は（私との個人的な会話において），自生的なプロセスを理解し評価することの方がより難しいとほとんどの人が思っているという事実にこそ問題があるのかもしれない［Hayek, 1991］，と指摘してくれた。他方，明示的に設計されたプロセスと結果という，デカルト的なパースペクティブは，理解するのが容易である。

とんどいない。ソフトウェアのライセンス契約を読む人もほとんどいない。インターネット上のプライバシーに対してこのような態度で臨むのであれば，各サイトのポリシーの良し悪しを見分けることはほとんどできない。財務報告書についても同様のことが言える。こうした傾向は，様々なサイトでインターネット取引をするうえで，また，様々な企業の財務報告書を分析するうえで，外部性を生み出す。個々のインターネット購入取引の金額と金融投資取引の金額は桁が違うかもしれないが，財務報告と電子商取引の外部性は非常に類似している。

　英国（そして EU）は政府の権力のもとで監視・執行される基準を立法化することによって市民のプライバシーを保護している[20]。米国は，最初から既定路線であったのか審議の結果そうなったのかはわからないが，基準を立法化したり懲罰的執行メカニズムを採用したりすることなく，電子商取引におけるプライバシーポリシーを規範や慣習として発展させることを選択した。

　Jamal et al. [2005] は，メール受信の諾否に関してこれら英米 2 つの体制のパフォーマンスを比較した。彼らは，メールを受け取ることに同意しない人々に送信されるメールの数が，2 つの体制の下でほぼ同一であることを発見した。ほとんどの電子商取引サイトは，登録者の選択を尊重するのである。広告メールを受け取る意志を示す登録者に送信されるメールの数も，2 つの体制下でほぼ同数である（図表 5-2）。

　Jamal et al. [2005] はまた，通知／認識（notice/awareness）の次元（すなわち商取引の主体の情報およびプライバシーポリシーのタイムリーな通知を参加者が受け取るかどうか）については，英国の体制（基準・執行）の全体的なパフォーマンスは，米国の体制（進化的）のパフォーマンスとほぼ同じである

---

[20] 1998 年英国データ保護法（http://www.opsi.gov.uk/act/acts1998/ukpga_19980029_en_1，2016 年 3 月 14 日にアクセス）および欧州連合議会および理事会指令 95/46/EC（http://eur-lex.europa.eu/LexUriServ/LexUriServ.do?uri=CELEX:31995L0046:EN:HTML，2016 年 3 月 14 日にアクセス）。英国の情報コミッショナー，および他の EU 加盟国の同様の規制当局は，国内法および EU 法を積極的に執行している。OECD [2006] も参照のこと（2016 年現在）。

図表 5-2　一週間に受信した平均メール数

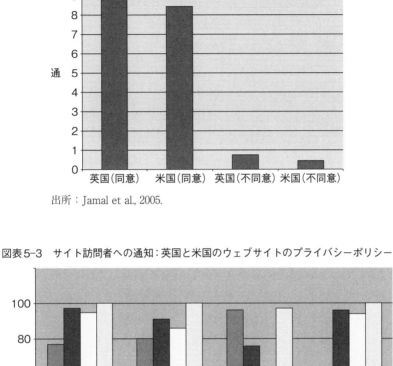

出所：Jamal et al., 2005.

図表5-3　サイト訪問者への通知：英国と米国のウェブサイトのプライバシーポリシー

出所：Jamal et al., 2005.

ことも報告している（図表5-3）。

　米国では，立法化された基準や政府による執行がなくても，プライバシー認証を含めたウェブ認証サービス市場が出現した。米国のウェブサイトの約3分の1がそうした認証サービスを提供する会社（例えば，TRUSTe や BBB Online）に少額の料金を支払うことを選択し，以下の2点を証明してもらっていた：(1) ウェブサイトのポリシーは，認証サービスのプロバイダーが独自に開発した基準に準拠していること，(2) ウェブサイトの実務はウェブサイトが定めるポリシーに準拠していること [Jamal et al., 2003 を参照]。全体として，サービスのプロバイダーの認証シールを表示した米国のウェブサイトは，利用者のプライバシーを保護するという観点からは，英国のウェブサイトと同等かそれ以上のパフォーマンスをあげた。英国と EU の立法・執行メカニズムはインターネット上のプライバシー保護の改善に役立つであろうという仮定に基づいて構築された。しかし，米国と英国の比較研究では，政府による規制がない米国の電子商取引環境よりも，規制のある英国でプライバシー保護が上手くいっているとは言えないことが分かった。特に，フォーマルな規制では，いくつかのウェブサイトの極端な行動から利用者を保護することはできない[n]。これは財務報告において我々が観察することと一致している。エンロン，ワールドコム，ファニー・メイ，およびその他の企業は，世界で最も広範に規制されている財務報告環境の中で，大規模な会計不祥事を起こしてしまったのである [Abdel-Khalik, 2016 を参照]。

5-14　基準とルールの限界

　Laux and Stocken [2016, 2018] は，イノベーションと基準の厳格性との間には逆U字型の関係があることを報告している。基準が過度に緩いかあるいは無いときには，起業家はイノベーションを起こそうとする試みから便益を得ることができない。一方，基準が過度に厳格な場合には，そもそもイノベーションを起こすことができない。

　法学者も法曹も，明文化されたルールの有効性に限界があることを注意深く

認識している。ある問題に関して，判断に基づく現行のシステムと比べて状況が改善されるかもしれないとしても，ルールを明文化することができない場合には，法はその問題の重要性にかかわらず，依然として判断に委ねることになる。裁判官が陪審に，被告が合理的な疑いを越えて有罪かどうかを判断するよう求めたとき，素人の陪審員はどれくらいの疑念が合理的であるか知りたいと思うであろう。それは10％，2％，または1％であろうか。法律は，そのような質問に対する回答を明文化しようとはしない。立法者と法律家は，たとえ判決が素人陪審によって下されなければならないときでも，そのような質問に対する回答を明確化する結果が，答えを判断に任せる結果よりも望ましくないことさえあることを十分すぎるほど理解している。

　様々な数値規準，例えば重要性，リース資本化，連結，および特別目的事業体の非連結などに関する閾値の割合を定めるといった形で際限なく会計ルールを明確化することは，基準がどれほど入念に作成されていようとも，ウォール街の銀行家，会計士，および弁護士が，基準の意図の裏をかくように取引をデザインすることを容易にする。そうした人々は，取引に新しい属性を追加することによって，現行のルールは適用されないと主張することができる。FASBやIASBなどの会計基準設定機関を設立した結果，それらの機関は新しい会計基準の発行を主な目的としていることから，次のような傾向が強まってきた。すなわち，FASBやIASBが作成する基準は「一般に認められた」ものであるとFASBやIASB自身が宣言しているのだが，実際は「基準に従うか，さもなくば…」という意味でのみ「一般的に認められた」ものにすぎないのである。会計士はこの問題を回避しようと思えば，様々な法域において会計ルール設定の独占をなくし，それぞれの財務報告の法域の中で，ルール設定機関の競争という要素を取り入れることもできたはずである［Dye and Sunder, 2001; Sunder, 2002a, b］。

　財務報告の領域では，公開会社の外部監査を法的要件としたことが，監査サービス市場が効率的に機能するのを妨げてしまっているようである。外部監査が法的要件でない場合には，会計報告書および将来の見通しに自信がある企

業は，当該企業の透明性や良好な見通しについて株主を納得させるために，評判の良い独立監査人を雇うべく資金を使うだろう。一方で，会計報告書および将来の見通しに自信がない企業は，監査によってその弱点が明らかになるだけなので，評判の良い監査人を雇うことに価値があるとは思わないであろう[21]。監査証明書の有無にかかわらず，会計報告書を提示された投資家は，それぞれ独自にリスクを評価し，それに応じて証券の価格づけを行わなければならない。政府の規制がなければ，電子商取引における米国のウェブサービス市場と同様に，証明や監査サービスの市場が発展するであろう。Jamal et al. [2003] は，プライバシー認証のためのウェブ証明市場が存在しているという証拠を提示している。DeWally and Ederington [2006] は，eBay のコミック本オークションに対する証明サービスの進化と機能を分析している。SEC は，そうした市場が内生的に発展するのを容認せず，すべての企業が自らの会計報告書の監査を受けることを要求し，SOX 法に従って（PCAOB を通じて）監査を実施する際に準拠すべき基準を明確化するよう試みている。監査のコモディティ化に伴って監査実務が広範囲にわたって規制されるようになってきたのであり，そうした規制が近年頻発している監査不祥事の要因になっていると言うこともできる。

　米国のウェブサイトは，強制的な基準がないので，プライバシーポリシーの開示を，消費者を惹きつけるためのマーケティング戦略の手段とみなす傾向にある。したがって，米国のウェブサイトはポリシー・ステートメントを見つけやすくし，これらのポリシーをそれなりに厳密に守っていく。他方，英国のウェブサイトはプライバシーポリシーの開示を単なる法令遵守の問題とみなし

---

[21] 3分の1の「超優良企業（too cool for school）」は自らが非常に優れていると信じ，また優れていることが広く知られていると信じているので，監査人を雇う必要はない，ということはありうる。そのように監査を受けない企業があるとしても，幸運なことに，教材を理解することができないので学校をドロップアウトする人と，学校に行く必要のない天才とを見分けることは，ほとんどの人々にとって難しいことではない。Ronen [2002] および Dontoh et al. [2013] は，各企業が，自らの投資家を財務上の不実開示や不正から守るためにいくらの保険に加入するかを選択できるようにすることを提案している。このようなシステムでは，監査は，企業が保険契約における料金決定を助ける，保険引受人のような機能を果たすようになる。

ているように思われる。あるいは，英国のウェブサイトはプライバシーポリ
シーについての消費者の懸念を，無視しているとまでは言わないが，少なくと
もあまりそのことに関心がないように見える。その結果，平均的には，顧客が
ポリシー・ステートメントを見つけるのは，米国よりも英国の方が困難である。

　Dye は，変化のない環境では，基準と規範が一致する可能性が高いと指摘し
ている[22]。では他方，変化する環境では，インフォーマルな規範の方が，より
早くそしてより誤りなく環境に対応し進化するのだろうか。環境変化に効率的
に対応するのにルールと社会規範のどちらの能力が優っているかについての十
分な証拠はまだない。Sunder［1984, 1988, 1997］は，他の条件が等しければ，
会計環境の望ましい特徴の１つに基準の安定性があることを指摘しており，そ
の場合，取引のイノベーションが起こらなければ，人々は自分たちの行動を調
整する機会を有し，安定した状態に到達するとする。しかし，基準設定メカニ
ズムの存在が，取引のイノベーションのみならず基準解釈のイノベーションを
促し，実際にそうしたイノベーションを生み出す。進化する規範に依拠する体
制においては，そのように基準の需要を喚起する力が生じる可能性は小さいが，
規範から逸脱した経営者と会計士は，その逸脱行為を他者が容認するかどうか
は事後的に決定されるという不確実性に対峙しなければならないであろう。
FASB と IASB が事前に「ルールを明確にする」よう試みることによって，取
引のイノベーションと解釈のイノベーションの双方が促されるので，たとえ経
済環境が安定していたとしても，FASB や IASB の意に反して，「理想的な一組
の基準」という安定した状態に辿り着きそうにはない。

　このような考えは，同じ領域で活動している政府機関と民間機関とがペアと
なって作成された保安基準について Cheit［1990］が行った比較によって，さ
らに支持される。比較の対象とされた４つの領域とは，カントリー・エレベー

---

[22] 個人的な会話での発言。Posner［2003］は，前例に倣うことは効率的な実践に向かう
　　傾向があることを示唆している。Gennaioli and Shleifer［2005］は，効率的なルールへ
　　の収束は特殊な状況下でのみ起こる一方で，より一般的な状況下では，前例に従うこ
　　とは平均的により有益な結果になることを示している。

ター，薪ストーブ，航空火災保安，およびガスストーブである[o]。Cheit は，政府機関と民間組織が設定した各保安基準の性質と有効性については，経済学や政治学の理論［例えば，Stigler, 1971; Wilson, 1980］を疑問視しており，彼はフィールド・データにおいて経済学や政治学の理論を支持する証拠をほとんど発見していない。彼は，一般の人々に必ずしもよく知られているわけではない何百もの民間組織（例えば UL[p] や全米防火協会など）が厳格なデュー・プロセスに従っていることを示しており，それらの組織の基準は，そのまま政府の法律や規則となったり，それらの一部として組み込まれたりすることを通じて，規制において重要な役割を果たしている。我々は，公的部門と民間部門の基準設定の間の類似点や相違点について，もっと多くのことを学ぶ必要がある。

　ある規制空間（regulatory space）を政府機関が占めることもあれば，非政府組織が占めることもあるが，どのような状況のときに一方の基準が他方の基準よりも望ましいかについての体系的な証拠はほとんどない。Kelman［1981］の比較研究によれば，米国とスウェーデンにおける職場安全衛生の規制体制は，外見的には異なっているが，驚くほど類似した結果をもたらした。一組の基準を作って規制を行う際に公的機関と民間機関のどちらを選択すべきかを決定するうえで，政策立案者に指針を与えることのできる確固たる理論や証拠はないように思われる。

　基準と規範のどちらかを選択し，財務報告における各々の役割の範囲を明確にすることは容易なことではない。基準設定主体が，どの基準が優れているか，そして代替的な基準のランク付けにどのような規準を用いるべきかを知ることは困難である。こうした文脈でよく言及されるのが，企業の資本コストである［Sunder, 2002a, b を参照］。しかしながら，資本コストは事前概念であるため，十分な精度で測定するのは困難である。一方，規範や伝統に依存する社会は，しばしば非効率解（inefficient solutions）に陥ってしまい（例えば，奴隷制），そこから抜け出すためには，改革運動や武装した暴動さえ起こるかもしれない。

　最近の銀行規制に関する研究［Barth et al., 2004］と証券規制に関する研究［Romano, 2002; LaPorta et al., 2003］は，民間による規制ではなく公的執行が

規制の主要な手段であるような場合における規制の失敗の可能性について検証している。財務報告では，1933年証券法と1934年証券取引所法は，会計規制機関（SEC）に対して，外部監査を必ず企業に受けさせるという要件までも課した。会計規制と監査という2つの要件を同時に導入すれば，両者が相互補完的であるという印象を与える可能性がある。しかし，他の様々な国のケースを慎重に検証することなしに，会計規制と監査が相互補完的ではなく代替的である可能性を排除することはできない。

　財務諸表監査のコモディティ化は，財務会計規制の拡大によって加速されてきたのかもしれない。「保証サービス」に切り替えることによって会計から監査を切り離そうとする監査プロフェッション（米国ではAICPA）の試みは，そうした会計規制と監査の代替性によって動機づけられてきたのかもしれないし，サービス業務の範囲拡大に対する監査人の欲求によって動機づけられてきたのかもしれない[23]。監査への私的な需要と財務会計規制とは，会計学の文献でしばしば仮定されているように直接結びつくものではないかもしれない。

　ここ十数年で，財務報告が「詳細な会計ルール」と「大まかな会計原則」のどちらにどの程度基づくべきかという，古くからの議論が復活してきた。ルールと原則の間で重点が移動すれば，必ず，それに対応してフォーマルな執行とインフォーマルな行動の規範にどの程度依存するかという点でも変化がもたらされる。コンセンサスは，原則に重きを置く方向にシフトしているようである。Jamal et al. [2005] は，電子商取引のプライバシー保護を高めるうえでの強制的な法の有効性に疑問を呈しているが，彼らの発見事項をこのような観点から

---

[23] AICPAとビッグ4会計事務所は，電子商取引プライバシー認証市場に参入することに失敗し，TRUSTeとBBB Onlineが市場を支配するようになった。AICPAは，プライバシー保護ではなく，ビジネス実務（内部統制）や安全性に関する保証の販売にオンライン上のサイトシール（WEBTRUST）業務を集中したが，高い価格で彼らが提供するものに対する需要がほとんどないことが分かった。DeWally and Ederington [2006] は，eBayで販売されているコミック本の品質保証サービスの市場が繁栄していることを立証している。eBayはPepBoysを自社のシステムで販売している中古車の公式保証プロバイダーとして指定したが，このサービスへの需要は小さいように思われる。

検討するのは有益であろう。

　法律，監査人，評判，ビジネスの規範と実務，保証，開示，および業界団体は，市場に関連する様々な信頼創造メカニズムである。それぞれの価値は，特定の市場でどのような他のメカニズムが利用できるのかということに依存する。各メカニズムは単独でも役に立つかもしれないが，単独で使用するとき，それぞれのメカニズムの有効性にはさほど差はないだろう。信頼を生み出す代替的なメカニズムを利用できるということが会計規制の研究において無視される場合には，おそらく法規制および法執行が過大評価されることになろう。将来的には，他の信頼創造メカニズムが利用できる状況におけるフォーマルな法規制および法執行の増分価値を理解するのに役立つ研究が望まれる。

　社会規範（および文化）は，まさにその性質から，それらが機能する社会に特有のものである。ガラパゴス諸島の渓谷に生息する小鳥の嘴や世界各地の結婚式に見られるような，それぞれに進化を遂げたシステムにおける多様性は，識別可能な要因でもっては完全には説明することはできない。偶然と歴史もまた1つの役割を果たす。世界中の財務報告を調和させようとする試みは，財務報告実務における各国間の多様性が偶然の産物であるという前提を置いているか，そうではないとしても，少なくとも，そのような多様性をなくすことのメリットが，ローカルな経済環境と財務報告との間の適合性が低下することのデメリットを上回る，ということを前提としている。世界共通で使用するために提案されている実務は，英語圏の国々，特に米国と英国で一般的なものである。そのようなアングロアメリカ中心主義は，社会科学における他の多くの分野では受け入れられないだろうが，財務報告ではほとんどが問題とされないままの状態である。

　明文化されたルールと違反に対する罰則に完全に依存するわけではないにしても，実質的にそれらを利用して，企業の財務報告実務を有効に機能させることは可能なのだろうか。社会的動物の行動に関する証拠からは，その身体的な欲求，制約，そして脅威以上に，それら自身の社会規範が，その行動において大きな役割を果たしていることが分かっている。おそらく，我々自身の広範で

複雑な社会構造や社会規範が様々な人々の暮らしの中で重要性を有していることに鑑みれば，財務報告において（明文化されたルールに過度に依存することによって[24]）そうした社会構造や社会規範を無視することが賢明な選択であるのかどうかを疑ってみることは不合理ではないだろう。

5-15　社会規範のエンジニアリング

社会規範の概念にとって決定的に重要なのは，それが社会成員の間の，曖昧にしか理解されていない相互作用からボトムアップで出現するということである。このような観点からすれば，社会規範をデザインしたり，トップダウンでエンジニアリングしたりするというのは自己撞着である。しかし，社会規範を変えようとする組織化された努力は，おそらく社会規範そのものの出現と同じくらい古くから行われてきた。いくつかの概念的な問題およびそれを実行するうえでの問題を簡潔に探究してみよう。

社会規範がどのようなものであるべきかを，誰が決定できるのか。社会規範は，社会成員の多様な選好と行動を集約することから生じる1つの創発的な現象である。まさにこの考え方が，社会規範のデザインという考え方に対して重大な疑問を投げかける[25]。Ehrig et al.［2015］は，例えば Thaler and Sunstein［2008］などと同様に，リベラルな社会にとって独裁者に社会規範のデザインという仕事を任せることが賢明であるかどうかを疑っている。

社会改革者である個人や団体は，社会規範を変えるために人類史上無数の社会運動を行ってきた。突然変異的に行われたそのような努力は，進化プロセスにおいて生じる他の突然変異と同様に，そのいくつかは成功し，そして大部分は忘れ去られている。Bicchieri［2006, 2015］および Bicchieri and Mercier［2004］は，社会規範は条件次第で変わるような安定的ではない選好から生じると主張している。人々が何かに参加するのは，他者が参加するだろうと考え，

---

[24] Crook［2015］を参照。

[25] 市場を社会に分散した情報の集約者として見る理論については Hayek［1945］を参照。またその実証的証拠については，Plott and Sunder［1988］を参照。

そして他者が誰もが参加すべきであると考えている場合である。たとえ社会規範を変えるエンジニアリングをうまくやれるとしても，我々は誰にそのような絶対的な権力を委ねるのであろうか[26]。

　会計実務もまた，出現したり，試行されたり，論争を引き起こしたり，普及したり，消え去ったりする。会計規制機関は，こうした過程を支えるために，柔らかなナッジとしての役割を果たすことができる。高圧的な規制の干渉の根底には我々の能力への過信があり，それは財務報告をより悪いものにするおそれがある。いわゆる「公正価値」会計はその最近のほんの一例である。Ostrom ［2000］が指摘するように，執行力に裏づけられたこうした規制の干渉は，外部からの罰則を恐れるが故に，内部における動機づけと専門家の判断を締め出すのである。

5-16　変革の可能性

　過去 60 年間にわたり，AICPA は米国企業 500-600 社の財務報告実務の年次調査を実施し，その結果を公表してきた。これらの財務報告実務は，もちろん SEC と FASB が発行するルールによって影響を受けているのだが，他方で，この AICPA の出版物を読めば，権威あるルールによってはまだカバーされていない実務を知ることができ，そうすることで現在支配的な会計の社会規範がどのようなものであるのかを良く理解することができる。財務報告領域のどの程度を社会規範に委ねるかという問題に，ルール作成者はより多くの注意を払うべきである。

　財務報告は，規範の方向ではなく明文化されたルールの方向に，その振り子を振りすぎていると私は考えている。ここ 20 年，原則主義について議論が交わされてきたのは，そのような認識の結果であるかもしれない。しかしながら，FASB/IASB が，新しく出現する実務に対して片っ端からトップダウンで基準を設定したり，定義すらできていない「原則」の「高品質さ」を追求したりす

---

[26] 社会規範や法律の役割については，Ellickson ［1991］や Posner ［2002］を参照。

ることを偏好していることが，障害となっている。こうした問題に取り組むことで，基準から社会規範へと財務報告の重点シフトをある程度達成する時が来たのであろう。

【第5章　解説訳注】

a （56頁）エミリー・ポスト（Emily Post, 1873–1960）は，米国の女性作家であり，エチケットの権威として知られている。代表作は，*Emily Post's Etiquette: Manners for Today* であり，現在でも版を重ねている。邦訳書としては次のものがある。野澤敦子・平林祥訳『エミリー・ポストのエチケット』宝島社，2013年。（https://www.britannica.com/biography/Emily-Post）

b （56頁）ミス・マナーズ（Miss Manners はペンネーム，本名はジュディス・シルビア・マーチン［Judith Sylvia Martin, 1938–］）は，米国のジャーナリスト・作家であり，マナーの権威（マナー解説者）として知られている。邦訳書として，次のものがある。片岡しのぶ・金利光訳『ミス・マナーズのほんとうのマナー』暮しの手帖社，1991年。（Miss Manners のホームページ https://www.missmanners.com/about-miss-manners/）

c （56頁）ナッジ（nudge）の辞書的な意味は，「肘で軽く突く」（小学館ランダムハウス英和大辞典）であるが，ここでは，肘で軽く突くような小さなきっかけを与えて人々の行動を変える戦略という意味の行動経済学の用語として用いられている。ナッジ理論の提唱者であるシカゴ大学のリチャード・H・セイラー（Richard H. Thaler）教授は，「ナッジとは選択を禁じることも，経済的なインセンティブを大きく変えることもなく，人々の行動を予測可能な形で変える選択アーキテクチャーのあらゆる要素」（Thaler and Sunstein, 2008, p.6：訳書5頁）と説明している。2017年に，セイラー教授がノーベル経済学賞を受賞したことによって，注目されるようになった。R. H. Thaler and C. R. Sunstein, *Nudge: Improving Decisions about Health, Wealth, and Happiness.* Yale University Press, 2008（遠藤真美訳『実践行動経済学：健康，富，幸福への聡明な選択』日経BP社，2009年）を参照。

d （56頁）1969年12月にイングランド＆ウェールズ勅許会計士協会が「会計基準に関する趣意書」を公表し，1970年1月に会計基準運営委員会（Accounting Standards Steering Committee：ASSC）が設立された。その後，ASSC は1976年に会計基準委員会（Accounting Standards Committee：ASC）に改組される。Rutherford, B. A., *Financial Reporting in the UK: A History of the Accounting Standards Committee*, 1989–90, Routledge, 2015 および齊野純子『イギリス会計基準設定の研究』同文館出版，2006年，第1章を参照。

e （57頁）この文書は，もともと1917年に公表されたものである。AIA が発足した1916年，FTC のハーレー（E. Hurley）委員長は AIA 理事会に書簡を送り，FTC と FRB は監査実務に不満を持っているとした上で，会計士の登録制度を導入する可能性を示唆した。これに脅威を感じた AIA 理事会は登録制度を導入しないように FTC と連邦

準備委員会（Federal Researve Board：FRB）に働きかけるとともに，両機関への全面協力を約束し，FTC に提出される財務諸表の監査についての標準的手続に関する覚書を作成することに同意した。AIA が作成した覚書は，FTC の承認を経て，FRB から 1917 年に連邦準備通牒として『統一会計（Uniform Accounting）』というタイトルで公表された。この「統一会計」というタイトルにはハーレーの強い意向が反映されていた。しかしハーレーがFTC を去った翌1918年には，若干の修正が加えられて「貸借対照表作成の認められた方法」というタイトルで再公表された。大石桂一『アメリカ会計規制論』白桃書房，2000 年，第 3 章を参照。

[f]　(60 頁)「埋め込み（embeddedness）」という概念は，サンダー教授が指摘しているように，社会学のみでなく，現在では，心理学や政治学等の多分野で使われているが，もともとは，カール・ポランニー（Karl Polanyi）が使用した用語である。彼は，「人間の経済は，…経済的な制度と非経済的な制度に埋め込まれ，編み込まれている」（Polanyi, 1957，邦訳 268 頁）と経済が社会と独立して存在しえないことを指摘した。この「埋め込み」概念は，マーク・グラノベッター（Mark Granovetter）によって，その適用範囲を市場社会の経済分析にまで拡げられた。グラノベッターは，経済の社会的埋め込み（social embeddedness）を「経済行為が，内容において非経済的な目標や仮定である行為・制度に関する，あるいは，依存する程度」（Granovetter, 2005, p.35）と定義している（訳書における訳者解説を参照）。

　本書の「社会的埋め込み」概念と信頼創造のメカニズムとの関係というコンテキストにおいて，Granovetter（2017）では，経済活動は社会的なネットワークに埋め込まれており，言い換えれば，経済活動は，社会的なネットワークが取引や協力の関係における組織間での信頼関係を機能させることによって当該ネットワークから影響を受けるということである。社会的なネットワークは「裏切り」を抑制する社会メカニズムを果たすだけではなく，市場外にある社会的な資源や機会を含めた広範なビジネスの資源と機会を流通させる機能を果たしている（Wakabayashi, 2003 を参照）。

Granovetter, M. The impact of social structure on economic outcomes. *Journal of Economic Perspectives*, 19(1): 33-50, 2005.

Granovetter, M., *Society and Economy: Framework and Principles*, Harvard University Press, 2017.（渡辺深訳『社会と経済—枠組みと原則—』ミネルヴァ書房，2019 年。）

Polanyi, K., *Trade and Market in the Early Empire*, Free Press, 1957.（玉野井芳郎・平野健一郎編訳『経済の文明史—ポランニー経済学のエッセンス』，日本経済新聞社，1975 年。）

Wakabayashi, N. Relational trust and embeddedness in interorganizational networks: An analysis of quality control manager networks in Japanese buyer-supplier relations. 京都大学大学院経済学研究科 Working Paper No.71, 2003.

[g]　(60 頁)証券会社の創業者 CEO であり NASDAQ 元会長でもあるバーナード・マドフ（Bernard Madoff）は，ポンジ・スキームと呼ばれる単純で古典的な手法によって，多数の投資家を騙して総額 650 億ドルをだまし取った米国史上最大ともいわれる巨額詐

欺事件により，2008年にFBIによって逮捕され，2009年に150年の禁固刑の判決を受けた。ユダヤ系アメリカ人であるマドフは米国のユダヤ人社会におけるネットワークを利用したために身内を裏切った者として非難を受けたが，この事件による被害は米国を超えてヨーロッパや日本など広く世界中に及んだ。The Columbia Electronic Encyclopedia™ Copyright © 2013, Columbia University Press を参照。

h （60頁）陪審（jury）は，「地域住民のなかから基本的には無作為抽出法的な方法で随時または一定期間ごとに選ばれた一定数の構成員（陪審員）によって構成され，一定の司法的職務に従事する機関。陪審は，事件の審理に関与する petty jury（小陪審），刑事事件につき正式起訴の決定に当たる grand jury（大陪審），さらに変死者の死因の決定に当たる coroner's jury（コロナ陪審）に分かれる。jury という言葉が petty jury のみをさすものとして用いられることも多い」（田中英夫編集代表『英米法辞典』東京大学出版会，1991年）。なお，2009年に開始された日本の裁判員制度は，複数の点で陪審制とは異なるものである。詳しくは，次の文献を参照せよ。大倉昌枝『アメリカの陪審制度と日本の裁断院制度　陪審制の発展と意義』エディックス，2011年。

i （63頁）法にすべてのことを書き込むことができない以上，法の解釈や量刑などについて裁判官が一定の裁量を持つのは必然である。しかし，その裁量を特定の誰かのために（依怙贔屓や忖度して）行使するのであれば，裁判の公正性・公平性がゆらぎ，国民の信頼を失うことになる。そうした事態を避けるために厳格な手続が定められているのであり，それを守っている限り，裁判官がその裁量権を行使したとしても，裁判というシステム自体への信頼は失われない。

j （66頁）例えば AICPA の職業倫理規定502条などに，そのような規則があった。

k （71頁）フランス学士院（Institut de France）を構成する5つの機関のうちの1つで，その設立は他の4つの機関（碑文・文学アカデミー，科学アカデミー，芸術アカデミー，および道徳・政治学アカデミー）に比べて最も古く1635年である。アカデミー・フランセーズの当初の目的は，フランス語のルールを整えて，広範に使用可能な言語として統一すること，つまり，標準的なフランス語を制定することであった。その目的を遂行するために，フランス語辞典と文法書を編纂してきた。このアカデミー・フランセーズ辞典は，その初版が1694年に出されて以降，現在もなお編纂中の第9版まで至っている。アカデミー・フランセーズはこれらの作業を通じて，フランス語の規範を形成し社会に向けて提示してきている。アカデミー・フランセーズのホームページ［http://www.academie-francaise.fr/linstitution/lhistoire］とフランス学士院のホームページ［https://www.institutdefrance.fr/les-cinqacademies/#lacademie-francaise］を参照。

l （73頁）注15における引用の出所は，1926年の AIA 年次総会における "Corporate Publicity and the Auditor" と題する G. O. メイの講演である。この講演録は *Journal of Accountancy* の1926年11月号に掲載されており，G. O. May, *Twenty-Five Years of Accounting Responsibility, 1911-1936: Essays and Discussion*, edited by B. C. Hunt, Price Waterhouse & Co., 1936 にも収録されている。

m （73頁）グッド・ハウスキーピングを直訳すれば「家事をうまく切り盛りすること」で

あるが，ここでは「物事をきちんと秩序立てる」という意味で用いられている。

[n] （80 頁）ここでの「極端な行動」とは，「利用者の意向を無視して大量にメールを送る」ことを指している。Jamal et al., [2005] は，英米ともにそうした極端な行動をとるウェブサイトが少数あることを報告している。したがって，本文は「規制の有無にかかわらず極端な行動をとるサイトは存在するが，サイトシールの利用が普及している米国では利用者が保護される可能性が高いのに対して，フォーマルな規制のみの英国では保護されない」ということを意味している。

[o] （84 頁）より具体的には，① カントリー・エレベーター，② 航空火災保安，③ 薪ストーブ，および ④ ガスストーブという 4 つの領域における公的機関と私的機関の 4 つの組み合わせを意味する。① には米国労働省（US Department of Labor：DOL）の連邦機関の 1 つである労働安全衛生管理局（The Occupational Safety and Health Administration：OSHA），② には米国運輸省の下部機関で，航空輸送の安全維持を担当するアメリカ連邦航空局（Federal Aviation Administration：FAA），③ および ④ には米国の連邦法である消費者製品安全法（Consumer Product Safety Act）に基づき設立された，法的権限を持つ大統領直属の独立政府機関である米国消費者製品安全委員会（Consumer Product Safety Commission：CPSC）という公的機関が関与している。

[p] （84 頁）UL（アンダーライターズ・ラボラトリーズ：Underwriters Laboratories）は，1894 年に設立された，アメリカで最も古い製品安全規格の開発・認証機関である。UL は営利（2012 年までは非営利）の民間機関でありその認証は原則的に任意でありながら，産業機器，機械類全般，自動車部品，化学物質に及ぶ広範な領域において UL の安全規格の認証が求められている。UL は，安全規格を開発するだけでなく，その評価方法を定め，評価試験を行い，試験に合格したものに UL 認証マークの使用を認める。

第6章

制 度[1]

　我々は会計制度について，組織，構造，および期待という3つのレベルで考えることができる。組織としての制度には，AICPA，FASB，PCAOB，および全米州政府会計委員会（National Association of State Boards of Accountancy：NASBA）などがある。これらの制度の存在と機能は，その定款，建物，職員やその他の積極的な参加者，予算，手続，および活動に見ることができる。構造としての制度は，もっと抽象的なレベルで存在しており，例えば米国では，株式会社，会計プロフェッション，および高等教育などがその例である。構造としての制度を構成しているのは，多くの組織や個人の間で作用する「関係」なのであり，そうした組織や個人は，法，行政機関が制定する規則など，社会規範，テクノロジー，およびそれぞれの選好によって定義づけられ統治されている。

　期待としての制度は，さらに抽象度の高いレベルで見えるようになる。例えば，家族，市民，結婚，言語，祭り，および宗教などは，社会における行動に関する特定の期待と観察可能で繰り返される行動パターンに付されたラベルである。それらは，第3の意味での制度とも呼ばれる。このような3つの方法で制度を分類することは相互に排他的ではないのであるが，それらを分ける境界線をより正確に定めようと試みても，ほとんど何も得られないであろう。第5章で社会規範について議論するにあたり，我々はすでに期待としての制度はカバーしたので，本章では制度の構造的要素と組織的要素に焦点を当てる。

6-1　進化

　オランダと英国の東インド会社が認可されて以来，会計と監査は，4世紀にわたって進化してきた会社制度の重要な構成要素である［Dobija, 2015］。これ

---

[1] 本章の内容は，Sunder［2003］に基づいている。

らの会社は，新たに発見された海路を通って東方の豊かな国々と交易を行ったのだが，その資金を賄うために投資家から大量の資本を集めるべく，ジョイント・ストック・カンパニーへと発展した。

　ある人が，別の人が持つ投資の専門知識や技能から利益を得ることを期待してその人に自分の富を託すとき，見込まれるリターンと背任のリスクは表裏一体である。現代と同様に，当時の会社もこうしたエージェンシー問題に直面し，プリンシパルやエージェントの利益とインセンティブとを満足のいくようにバランスさせる取り決めを見つけようと試行した。会計と監査の制度は，組織の機能を支援するように進化した。それでも，いつもうまく機能していなかったという複数の報告があることは，考え出された解決策は完璧とは程遠く，満足のいくものですらないということを示している［Peterson, 2015］。そこで以下では，会計制度を改革してより良いものにするためのいくつかの可能性を検討する。

6-2　米国の企業会計

　米国の会計システムの4つの主要な要素を検討してみよう。すなわち，会計ルールとその執行，会計ルールを設定する組織，監査業務の質をコントロールするメカニズムと監査要件，および企業の監査と財務報告に対する取締役会の関与，という4つの要素である。なお，第5の要素―経営者報酬―も企業会計制度の分析にとって重要である。

　株式公開会社および非営利組織の経営者は，少なくとも年に1回，財務報告書を作成および公表する義務があり，その報告に対して責任を負わなければならない。内容と形式にある程度の裁量は認められるが，組織の資源を守るために，公表される財務報告書の作成は，会計と内部統制が一体となったシステムによってサポートされなければならない。さらに，財務報告書は，様式，開示内容，詳細さ，定義，および測定方法について最低限の基準を満たさなければならない。我々はこれらすべてを会計ルールと呼ぶ。この会計ルールに準拠しているか否かの検査を受けるために，監査人および規制当局に対して財務報告

書を提出することが，ルールの執行の大部分を占める（たまに司法が介入することもあるが）。

　会計ルールを設定するための法的権限は，議会が制定した法律を施行するために創設された独立規制機関である SEC にある。SEC は，私的組織であるが運営資金は負担金（tax）によって相当程度まかなわれている FASB[a] に，長い時間と労力を要するプロセスを経て基準を開発するという面倒な仕事を任せているが，その成果として作成された会計基準を拒否する権利を保持している。株式公開会社は，SEC のその法定執行権限によって，これらの会計ルールに従うことが求められる。

　SEC はまた，財務報告書が財政状態および経営成績を公正に表示していることを証明するために，公認会計士の監査を受けることを企業に要求している。そのような証明書を発行するための合理的な基礎を公認会計士が持たなければ，株主に対して過失責任を負う危険性は高まる。AICPA は監査業務を遂行する際にそのメンバーの指針となる詳細なルールを作ってきたが，その役割は2002年に議会が制定した SOX 法によって創設された PCAOB に取って代わられた。PCAOB はまた，監査事務所がうまく機能し規律づけられているかどうかも監視している。

　ニューヨーク証券取引所（New York Stock Exchange：NYSE）は，上場会社の取締役会メンバーの過半数は独立した社外取締役であることを要求している。NYSE はまた，取締役会の監査委員会は，外部監査人の任命とその業務を監督する独立取締役で構成されるよう求めている。しかしながら，あるフィールド調査は，これらの要件は確かに上場企業によって守られてはいるが，実態はそれが求めるところと大きくかけ離れていることを明らかにしている [Fiolleau et al., 2013 を参照]。

　経営者報酬の大部分は会計数値（例えば，利益，売上，利益率）あるいは ROE で測った企業の業績に基づいている。1990年代には，ストック・オプションの付与は業績連動型報酬の典型であった。証券市場における急激な株価上昇と，従業員に付与されたインセンティブ・オプションの経済的価値を損益計算

書では報酬費用として計上しないという会計ルールによって，ストック・オプ
ションの人気はさらに高まった。業績連動型報酬の規模は巨額になることがあ
り，場合によっては1人で年に数億ドルに達することもある。2000年の株式市
場におけるドットコム・バブルの崩壊により，ストック・オプションの利用は
ある程度減少した。2006年の会計ルールの変更（FAS改訂第123号）で，ス
トック・オプションよりも譲渡制限付株式と業績連動型株式の方が一般的に
なった。2014-2015年には，株式ベースの報酬に占める業績連動型株式，譲渡
制限付株式，およびストック・オプションの割合は，それぞれ約50％，25％，
25％となった。

　取締役報酬に関する決定は，経営陣から独立しているとされるメンバーから
成る取締役会の報酬委員会によって行われる。しかし，典型的には，これらの
取締役会の「独立した」メンバーの報酬，給与外給付，そして株主総会で株主
が投票をする際に提示される候補者名簿に再び記載されるか否かは，CEOの
思し召し（goodwill）によって決まるのである。

　このような企業会計制度の概要を確認しておくことは，代替的な構造は実現
可能なのか，実現可能であればその結果として何が生じるのかを探るうえでの
出発点となりうる。

6-3　会計ルール

　1970年代の初めまでは，一般承認性が会計の支配的なパラダイムであった。
自然言語では，言葉の意味は一般に受容されることから生じる。それと同様に，
会計も，使用・分析・議論されることによって，さらにはソフトな勧告によっ
て時間の経過とともに徐々に進化すると考えられていた。それぞれの単語と結
びつく言葉の意味は多様なニュアンスを持っており，そうした多様なニュアン
スを伝える単語も複数あることが，自然言語に表現の柔軟さと深さを付与して
いる。自然言語は文法や辞書を有しているが，それらを書いた人たちの権威は，
制裁を与える力から生じるのではなく，そうした人たちの専門知識が認知され
ていることから生じる。審議プロセスを通じて人々が設計した自然言語などな

い。世界共通の言語になるために作成されたはずのエスペラント語は，ひっそりと消えていこうとしている［Fearnley and Sunder, 2006］。

SEC の創設以来，一般承認性という伝統の基礎にある進化の精神にはあまり重きが置かれなくなり，審議プロセスを経て会計ルールを作り，制裁を通じてそれを執行することが好まれるようになった。1939 年から 1959 年における会計手続委員会（CAP）の努力の成果としての公表物は，「会計研究公報（Accounting Research Bulletins）」という名で控えめに表現された。このことは，APB の公表物はかつてその問題を研究した何人かの専門家の，せいぜい試論的な示唆でしかないことを含意している。CAP の意図は GAAP の進化をナッジすることにあったのは明らかであり，もしかすると既存の会計実務の一部を成文化することぐらいまで考えていたかもしれない。しかし，会計手続委員会という名前やそれが公表した文書の名称は，それらの重要性，能力，および注目度に相応しくない控えめなものであった。

約 20 年後，CAP と会計研究公報は，会計原則審議会（APB）とその「意見書（Opinion）」に取って代わられた。より強い自己主張が会計原則審議会という組織の名前に反映されている。単に研究を行うことを超えて，何が原則（principles）であるのかを特定する審議会（board）であると主張しているのである。しかし，APB は，自らの努力の成果を「意見書」という名称で公表するのみで，それ以上のものを要求するには至らなかった。これらの「意見書」は大きな影響力を有していたが，他の者が異なる意見を持つ余地を残していた。確かに，公認会計士は事実上，顧客の財務報告書における公正な表示を確保するために「意見書」から逸脱することが適切であると考えた場合は，制裁を受けるリスクを冒すことなく，公表された APB の「意見書」から逸脱することができたし，また実際にそうした。

投資税額控除の会計処理に関する APB の「意見書」が一般に受け入れられなかったので，SEC と AICPA は，会計ルールをバックアップするためのより大きな権威があれば問題が解決するだろうと考え，「財務会計基準書（Financial Accounting Standards）」を発行する FASB を創設した。企業と公認会計士は，

FASB の基準を遵守することが求められ，それに従わなければ制裁や刑罰を受ける危険にさらされることとなった。FASB は，恒久的な組織設立と巨額の予算で武装して，企業と公認会計士が従うことを要求されるルールの公表を開始した。この新しい組織には権威が付与されたことで，一般承認性という考え方は捨て去られてしまった。7 人のボード・メンバーは，分析，研究，および協議のうえで会計ルールを定めることができるようになったのである。

　FASB は，会計ルールを選択するための多くの規準を「概念書（Concepts）」に挙げているが，それらの規準の多くはトレードオフの関係にある。「概念書」には集約関数（aggregation function），すなわち，そうした規準の間のトレードオフを解消する方法が欠落している。FASB は，公表物を発行する前にその利害関係者から提案，コメント，およびアドバイスをもらうという念入りで誠実な協議プロセスを設定している。他方，FASB の公表物には初めから権威が付与されていることから，一般承認性（それは現在実際に使われている言語の中に暗黙に存在するものである）に必要な「進化」という特徴が，残念ながら失われてしまった。

　むしろ FASB は，監査人が自らの判断に代えて，機械的に適用すれば済むルールの「クラリフィケーション」を要求するための装置と化してしまった。なお悪いことに，FASB の基準は，経営者とその財務エンジニアが共謀して銀行や監査事務所の目を欺くための「道具」となってしまった[b]　[Sunder, 2011b; Dye et al., 2015; Glover, 2013; Group of Thirty, 2016]。Lowenstein［2008］が的確に指摘しているように，「本当の問題は，人生が未来に向かって前進しているにもかかわらず，監視機能を果たすべき機関（この場合はムーディーズである）の計算式が過去を向いていることである。それは今後も変わりそうにない」[c]。解決を意図してとられた策が新たな問題点を生み出してしまうことが，しばしばあった。FASB は 30 年間，懸命にルール作りをやってきたが，エンロン事件などの余波を受けて，FASB が原則主義の会計を追求するのではなく細則を作ってきたことが問題だという批判が現れた。さらに悪いことに，この批判は，かりに彼らにそうする時間と資源があったならば，FASB のルール集の

厚さと詳細さに肩を並べることを何よりも望んでいたはずの人々―IASB―から，大西洋を越えて発せられたのである[2]。

　基準設定主体の仕事は一筋縄ではいかない。たとえ基準設定主体が望ましいルールの規準を知っていたとしても，どのルールが，選択された規準を最も満たしているかを知ることは難しいであろう。基準設定主体が様々な利害関係者から受け取るアドバイスは，かなりの程度，自己の利益に基づいたものである。代替的なルール，特に新しく作成されたルールがどのような結果をもたらすかを信頼性をもって予測することは，ほぼ不可能である。フィールドでの比較研究を行うには，代替的なルールの間での競争が必要である。代替的ルールの帰結を検討した後で，情報に基づいて選択を行わなければならないし，そのためにはそうした選択をサポートするフィールドのデータを集めることが不可欠である。しかし，単一セットの基準が世界的に独占される状況下では，それは実際上不可能である。独占的なルール設定主体が行った選択に対するどんな異議申し立ても，代替的実務のない世界では，比較すべきデータが入手できずデータで裏付けることは極めて困難であるので，薄弱な根拠で選択されたルールであっても残り続けるだろう。

　基準アプローチは，変化する状況に対応するために迅速な行動をとれるという利点があるが，他方でこの利点は，行動が状況を改善するのではなくむしろ悪化させるリスクがあるという欠点と連動している。会計基準設定機関は，ある意味で消防団に似ているとも言える。すなわち，財務報告における不正を発見したときには，それに対処すべくエキスパートを配備する準備が整っており，将来的に不正をブロックするルールを策定することもできるのである。しかし，会計基準設定機関は，ブロックのターゲットがどのように反応するか，あるい

---

[2] 100 以上の IFRS 適用国を有する IASB は，会計は実務の中で進化するであろう原則とその一般承認によってではなく，会計基準を審議する機関が作成したルールに基づいて導かれるべきであるというアイデアの最大かつ最も有名な採用主体である。IASB は「原則に基づいている」と主張しているが，その原則をまとめるのに 3,000 ページ以上を要するような専門職が他にはないことを考えれば，IASB の主張は愚かなように見える。

はターゲットが新しいルールに適応した後にとる行動が最終的に現状よりも良い結果をもたらすか否かを予測するという点では，効果的な装置ではない。状況の改善を目指して開始された多くの会計基準設定プロジェクトが，ルールと経営者行動の間のこの「行動—反応」の連鎖によって頓挫してきた。

　経営者，投資銀行家，および弁護士は，この「ゲームの経済学」を認識しながら，会計ルールに関してゲームを行うのだが，そのことは会計ルール設定主体にジレンマを与える。ルール設定主体はゲームのプレーヤーに対して動機を割り当ててゲームのありうる帰結を分析することができる。例えば，経営者は，自分のキャリア全体での個人的な報酬の現在価値を最大化すると仮定され，投資銀行家は，取引からの手数料の現在価値を最大化すると仮定されるかもしれない。これは私的なドメインでは完全に理解できることであるが，公的なドメインではプロフェッショナリズムの建前があるので，それとうまく折り合いを付けて分析を行うのは難しい[d]。ルール設定主体は，自身の個人的な動機を精査の対象とすることなくしては，その利害関係者の個人的な動機を問うことはできない。しかし，ルール設定主体もその利害関係者も，そうした後ろめたい個人的な動機をさらけ出すことはせず，誰もが巧みな言い回しや行動で，公益—特に一般投資家の利益—のために努力しているふりをする「儀式」を行うだけであって，ゲーム内でのプレーヤーの本当の動機，代替オプション，および暗黙の脅威を真剣に分析することはないのである。

　基準設定を行う恒久的な権力機構が存在することは，監査人自身の判断を用いる能力や積極的に用いようとする意欲を削いでしまうことになる。顧客からの圧力下にあっては，監査人はすでに基準書の中に書かれているルールの「クラリフィケーション」をルール設定主体に懇願することになる。ルール設定主体がそうした要求のうち，どれを取り上げてどれを取り上げないのかを決定するのに合理的な根拠はない。結局，ルール設定主体は，存続し続けるためにアジェンダとして取り上げる項目を必要としており，持っている資源も限られている。恒久的組織の確立とルールの積極的な「クラリフィケーション」は，互いを強化しあっていく。ルール集はますます厚くなる。そして，そのような

ルールの結果として作成される財務報告書が企業の財政状態と経営成績を公正に表示しているかどうかという問題は，膨大な手続の中に埋れてしまい，重視されなくなってしまう。かりに監査人や経営者が財務報告書の公正性を疑った場合，彼らは，具体的なルールの字義通りの意味—制裁措置の脅威の下で彼らはそのルールに従わなければならない—と，ルールの精神—それは判断の問題であり，帰結は曖昧にしか特定されていない—のどちらかを選択しなければならない。このとき，監査人がルールの精神よりも，字義通りの意味を好むことは驚くことではない。

　エンロンやその他の財務報告スキャンダルの後，ルールと原則のどちらに基づく会計が良いのかについて多くの議論が行われた。会計基準を明文化する恒久的機関が，詳細なルールには立ち入らずに原則に固執するというのは，それは自己矛盾である。ルールを作成する委員会や審議会を設置するのは簡単なことである。その点では米国が多くの国々をリードしてきた。民主的な政府の体制においては，会計における法の支配ᵉ は，執行権限を持った機関に支持されているので，それに反する主張をするのはやりにくいことである。

　コモンローの概念は，慣習，受容，および判例を通してイングランドで発達してきた。Landry によれば，

　　コモンローは庶民に由来する法律であり，これに対して成文法は「専門家（experts）」が作成したものである。…コモンローがもともと権威あるものとして成立したのは，そのように書かれたからではなく，議会で制定された法律の権威を有しているからでもない。それは次第に使用されたのであり，英国における遠い昔からの長きにわたる使用と，慣習と受容の強さによって拘束力と法的強制力を獲得したのである。これらの法律の重要な部分や実体は書かれてはいても，そうした法律のフォーマルな強制力は長年にわたる慣習と使用から来ているのであり，そのことは後になるほど，さらに明確になるだろう。それらは…大部分は嘆願書，議事録，判決記録の中に，また報告書や判例集の中に，そして学者の議

論や意見を収めた論考の中に見ることができ，古い時代から文書として
保持され，現在でも残っている。[Hale, 1713]

　我々のここ数十年の経験を考えると，コモンロー・アプローチのメリットを
再考することは有益である。コモンロー・アプローチを全面的に受け入れるこ
とはできないが，少なくとも，いくつかの代替会計基準を各法域内で競争させ
ることを認めるべきか否かを検討することはできる。

6-4　監査

　1934年の証券取引所法は，株式公開会社は独立した社外監査人に財務報告の
公正性を証明してもらわなければならないと規定した。SECは，公認会計士に
監査の特権を付与しており，これは過去80年間にわたって実践されてきた。こ
の監査制度の2つの構成要素—すなわち強制要件と，私的組織のメンバーに付
与された法定監査を行う排他的特権—は，詳しく検討するに値する（より詳細
についてはDoron［2015］を参照）。

6-4-1　強制監査

　株式公開会社は，1933年証券法が監査を義務化するかなり前から，しばしば
独立監査を採用していた。外部の独立監査人によって行われる監査が，証明さ
れた財務報告書の誠実性について，投資家に情報提供する助けとなるというの
は理解できる。19世紀末の企業不祥事と1929年の株式市場崩壊の余波の中で
こうした法的要件が強いられたということは，投資家の信頼を取り戻すのに役
立ったかもしれない。しかし，恒久的にそうした強制が課せられたことが，よ
り情報のある市場を作り出したか否かは，それほど明らかではない。

　1933年以前の体制下では，独立監査に付随する費用や労力，場合によっては
求められるかもしれない財務報告書の修正，さらには監査人が誤謬や違法行為
を発見した場合に悪評を被る可能性を考慮して，各企業の取締役と経営者は独
立監査を受けるか否かを決定した。その際，企業あるいは取締役や経営者自身

にとってのそうしたデメリットと，財務報告の信頼性について株主，債権者，および税務当局を納得させることができるという潜在的なメリットとを比較しなければならなかった。これらのメリットがデメリットを上回るとき，企業は独立監査を受けることとなる。監査のコストまたはリスクが，投資家からより大きな信頼を得るというベネフィットに見合わない場合，公益事業の料金設定のように他の規制プロセスによって要求されない限り，経営者たちは監査を受けなかったであろう。

　独立監査を受けるか否かに関して企業ごとに相違があることは，投資家に価値ある情報を提供する。他のすべての条件が等しければ，財務報告書を独立監査人に監査してもらうことを選択する企業は，投資家に隠すようなことは何もなく，また事業の現状，業績，および将来性について，監査を受けない企業よりもかなり自信があり，その経営者は信頼に値する，と投資家は論理的に結論しうる。他方で，独立監査人に財務報告書を監査させないことを選択した企業は，たとえ監査を受けようと思えばそうすることができる企業であったとしても，信頼と資金提供に値しない，と投資家は論理的に結論するかもしれない。

　独立監査を法的要件にしてしまうと，優秀な経営者が，より能力の劣る同業者と自分自身とを投資家に区別させる道は閉ざされてしまう。外部監査人を雇うという決定は，より良い経営者だけがそれに支払う価値を見出す，コストのかかるシグナルである。能力の低い経営者にとっては，独立監査のコストはそのベネフィットに見合うものではない。自身の無能さが暴かれるのを恐れる経営者は，独立監査を受けないであろう。1933年証券法が制定される以前の時代には，より良く経営されている企業は，外部監査人を雇用することによって投資家に企業の状況に関するシグナルを送ることができた。それほどでもない他の企業は，良い企業であるという偽のシグナルを発するにはコストがかかるので，外部監査人を雇用することができなかった。すべての上場会社がそうした外部監査人を雇用しなければならないとする法的規制は，このようなシグナルを送れなくしてしまったし，その意味で，それは企業や経営者について投資家が入手できる情報の量を減らしてしまったことになる。事態の改善を目指して

なされた法律の制定がもたらした経済的帰結が，その根底にある立法意図とは
著しくかけ離れてしまうこともある。

6-4-2　監査人の独立性

　監査人の独立性は，広範な議論や分析の対象であり続けている。近年では，
監査事務所が顧客に対して提供するコンサルティング・サービス料を受け取る
ことで，その独立性が侵害されているということが議論の中心となってきた。
監査業界は否定するものの，そうした独立性の侵害に対する非難には説得力が
ある。米国の監査業界は，さすがに SOX 法が制定された直後は，監査顧客に
コンサルティング・サービスを売り込むことを一時的に控えていた。

　しかしながら，独立性の問題は，コンサルティングのみに関わるものではな
く，根本的な問題である。もしコンサルティングの収入が監査人の独立性を侵
害するのならば，監査サービスの収入もまた然りである。コンサルティング・
サービスを獲得できる見通しによって監査人の判断が経営者に有利な方向に影
響されがちであるならば，監査サービス契約を獲得・維持しようとすることが，
コンサルティングの場合ほど強くはないかもしれないが，同様の影響を監査人
の判断に及ぼすと考えるのは当然のことである。現行制度の下では，経営者は
自らの財務報告が監査の対象であるが，同時に監査人への支払い主体でもある。

　第5章の注11で言及した1933年の上院における公聴会では，政府機関によ
る法定監査の可能性を示唆した議員がいた。しかし，法定監査を政府が行い独
占することは，効率化を推し進めたり監査技術を改善したりするという監査遂
行上の問題を解決するのを難しくしてしまう。この議論は，以下のようにも拡
張できるであろう。すなわち，企業が上場する証券取引所が統制している組織，
あるいは企業が設立された州が統制している公的な組織が監査を行うべきか否
か，という議論である[3]。そうした監査もまた，やはり強制的なものになるだろ

---

[3] 世界のほとんどの国とは異なり，米国では会社は50州のどの州の法律によってもその
　州内で設立することができる。この「競争的連邦主義」システムについては，本章の他
　の箇所でも言及する。Romano［2002］を参照。

うし，証券取引所あるいは州が互いに競って提供する規制サービスのパッケージの一部となるであろう。代わりに，取引所あるいは州が企業に対して，監査を受けて上場するか監査を受けずに上場するか，どちらか望む方を選択する機会を与え，その選択を投資家に知らせるというやり方もありうる。企業が設立する州や上場する取引所を選択でき，そして監査を受けるか否かを選択できるならば，州や取引所が定めた監査人（regulatory auditors）が自分たちから法外な報酬を巻き上げていく機会が最小化されるであろう。さらには，そうした監査人が，著しく非効率である可能性も最小化されるであろう。なぜならば，政府によって統制される全国で唯一の監査人[f]が独占的に監査を行う場合とは異なり，競争があるからである。

6-5　競争と独立性

　最近では，監査に関する議論はかなりのところ監査人の独立性に集中して行われているが，いつの時代もそうだったわけではない。1970年代には，監査業界における競争の不十分さに関して，連邦議会が集中的に調査を行った（1976年のモス委員会（Moss committee）およびメトカーフ委員会（Metcalf committee）の連邦議会報告書を参照）。競争と監査人の独立性とは，複雑で密接に相互に関係しあっている。しかし，1970年代の政策は，この関係性が十分に理解されないままに採用されたのである。その結果，監査業界では独立性のみならず競争も失われてしまったのであり，その責任は政府の政策にある。

　監査の独立性と競争との間の相互関係を単純化して考えてみよう。一方の極には，経済全体で単一の巨大な監査事務所しか存在しない場合を想定できよう。この独占的監査人はすべての企業を監査するのに十分な資源を持っているとしよう。また，どの単一の顧客が支払う監査料も，巨大監査事務所の収入において十分に大きな割合を占めていないとする。この監査事務所は最も高い独立性を有しているが，監査サービスの市場には競争が存在しないので，独占による潜在的な非効率性が生じることになる。もう一方の極として，多数の小規模監査人しか存在しない場合を想定できる。そのように最も競争的な市場では，独

立性はほとんどなくなる。各監査人は自らが生きていくために少数の顧客に大きく依存することになろう。そのため，顧客からの圧力にいっそう敏感になる。この両極端のスペクトラムの間に多くの可能性がある。我々がこのスペクトラムの一方の極からもう一方の極へと動くにつれて，独立性をいくらか犠牲にして競争をいくらか獲得できる。あるいは逆に，競争をいくらか犠牲にしてある程度の独立性を手に入れることができる。しかし，我々はどちらも犠牲にすることなく双方を同時に得ることはできない。

6-6　競争追求の意図せぬ帰結

　政策立案者は四半世紀の長きにわたって競争を追求してきたが，逆説的なことに現在では，米国の監査業界における競争では主要な事務所は4つにまで減少してしまった。このような事態はどのようにして生じたのだろうか。この問いに答えるためには，もう一段進めた分析が必要となる。

　通商産業の分野で競争を促進するための反トラスト法は，19世紀末に最初の法律が制定されて以来ずっとアメリカ法を構成している一連の法律群であるが，それは医者，弁護士，および会計士といった「プロフェッション」には執行されてこなかった。例えば，専門職団体は，自分たちの倫理規定の中に，他事務所の会計士を引き抜くことを禁止する条項だけでなく，広告を出したり競争相手の顧客や従業員を専門職ではないからといって引き抜いたりすることも禁止するような反競争的な条項を盛り込んでいた。専門職をこのようにインフォーマルな例外として扱うことの経済学的根拠は，情報の非対称性にあった。専門職の顧客にとって，専門職から提供されるサービスの質を見極めるのは困難である。実際，顧客はしばしば，どのようなサービスを購入すべきかを決定する際にも専門職からのアドバイスに依拠している。この状況で競争を強調することは，専門職サービスの価格だけでなく品質までも低めることになると危惧された。アカロフ（George Arthur Akerlof）はこの考えを「レモン市場」というモデルの中で定式化し，2001年のノーベル経済学賞を受賞した[g]。

　アカロフの論文が1970年に公表された時期には，専門職サービス市場のあ

り方に対して，すでに疑問が提起されていた。スティグラー（G. J. Stigler）は，競争は頑健性のある現象であり，提供される財やサービスの質に関する評判は情報の非対称性によって引き起こされる問題への有効な矯正手段として役立つと主張した。売り手が顧客からの評判を確立できるときには，売り手の提供する財やサービスの質が競争によって低下することを心配する必要はないのである。

　1977年，それまで専門職サービス市場での広告の禁止を支持してきた合衆国連邦最高裁判所は，アリゾナ州弁護士会はそのメンバーがサービスの広告を出すことを禁止できないという判決を下した［Bates v. State Bar of Arizona, 1977］。当該判決は合衆国憲法修正第1条によって保証された（商業上の）言論の自由を基礎に下されたのであるが，評判を形成する機会についての議論が，この判決で重要な役割を果たした。それは米国の監査専門職に直接向けられたわけではないが，監査専門職にとっても分岐点となる判決であった。

　合衆国連邦最高裁判所の判決によって，連邦政府は専門職の競争についての政策を変えるようになり，専門職団体にその倫理規定から反競争的条項を削除することを求めた。AICPAは，1979年に倫理規定を改訂したが，それは大きな，しかもかなり予期せぬ結果をもたらした。

　評判の議論を，医師，歯科医，弁護士から監査人に至るまでに一般化するのは，根本的に無理があった。というのは，医療および法律サービスについては，少なくとも事後的には，比較的迅速に顧客がその結果を観察することができるからである。このような結果に関する事後的な観察は，不完全であるにせよ，提供されるサービスの質と相関を有しているので，競争の下で市場が崩壊するのを評判によって防ぐことができる。しかし，これは監査サービスの市場には当てはまらない。

　監査人を実際に雇用するのは企業の経営者と取締役である。一方，監査人の真の雇用主である投資家が監査人に会うことはない。たとえ投資家が監査人に会ったとしても，監査人が勤勉に働いているかどうかは分からないだろう。監査人に実際に会う経営者も，投資家等に対する報告を検証してもらう際に，監

査人の勤勉さをチェックするインセンティブを有することはほとんどない。ま
れなケースとして，企業が深刻な経営難に陥った場合には，財務報告書の公正
性と監査人の証明書の背後にある監査業務の質について疑問が生じるかもしれ
ない。しかし，99％以上の場合において，監査の質について疑問は提起されず，
監査人が実際に何をしたかについて誰も精査しない[4]。こうした環境では，監
査人が自らの仕事の品質に基づいて評判を確立する機会はほとんどない。した
がって，評判の議論は他の専門職から監査プロフェッションに一般化すること
はできない。

　しかし，それは会計に一般化されてしまい，競争の圧力の下，監査は「レモ
ン市場」に変わった。企業の経理部長は監査費用を削減するために，別の監査
事務所に新たな契約価格の提示を要請し，その結果，監査サービスの価格は
年々下がっていった。このように価格が下落し続ける中では，監査人は質の高
いサービスを提供することができず，まともな収入も得られなくなった。何か
変わらなければならなかったし，実際に変わった。新しく課せられたこの競争
環境において生き残るために，監査人は自ら新しいビジネス・モデルを構築し
た。そのモデルには3つの新しい要素があった。すなわち，プロダクト・ミッ
クス，生産関数，および新しい給与体系の3つである。

6-6-1　監査事務所の新しいビジネス・モデル

　一定割合のビジネス・アドバイザリーやコンサルティング・サービスを提供
することは，長い間，監査人が顧客に提供してきたプロダクト・ミックスの一
部であった。監査人は，すでに被監査企業の経営幹部と面識があり，業務上の
関係を有していたし，当該企業の運営，財務状況，および事業の強みと弱みに
関する詳細な知識を持っていたので，その監査顧客にコンサルティング・サー
ビスを抱き合わせで販売することによって収入を得ることができた。経営者と

---

[4] SOX法が2002年に制定されて以降，PCAOBは監査について少数のサンプルを精査し
　ているのであるが，不可解なことに，調査の結果の大部分は依然として機密のままで
　あり，それでは意図された機能を果たさない。

監査人との関係において相互の信頼が確立されていたため，経営者にしてみれば，新たなコンサルタントを探すよりも，当該監査事務所のコンサルティング部門のパートナーから助言を得る方が容易であった。経営者は探索費用を節約し，監査事務所内部で働くコンサルタントはマーケティング費用の大部分を節約した。監査人は，すでに儲けるのが困難になっていた監査業務を維持するために，このコスト優位性を活用しようと考えた。監査サービスとは異なり，コンサルティング・サービスの顧客は経営者自身であり，経営者は企業外部の株主が監査サービスの品質を評価するのよりもはるかにうまくコンサルティング・サービスの品質を観察し評価することができる。監査人にコスト優位性があり，競合するサービス提供者がいたにもかかわらず，コンサルティング市場はレモン市場にはならなかった。

　監査の失敗は，監査顧客にコンサルティング・サービスを提供することによってもたらされると言われることが多い。確かに，監査顧客に提供されるコンサルティング・サービスが急速に拡大することは，監査人が財務報告の公正性を検証するうえでの勤勉さに，どう考えても健全な影響を及ぼすはずがなかった。しかしながら，監査業務の収益性が大きく低下した結果として，コンサルティング・サービスの拡大が起こった。これは本末転倒である。つまり，政府が監査ビジネスの競争を煽った結果，監査の価格と収益性が大幅に下落したので，監査人は収益源をコンサルティングに求めたのである。したがって，コンサルティングの拡大は，監査市場の崩壊の原因ではなく，その結果であった。残念なことに，SOX法制定のような解決策は，監査の崩壊に対処するものだとされてはいるが，コンサルティングという症状を監査の崩壊という病気の原因だと誤診しており，したがって，そうした解決策は効果的であるとは思われない。

　ビジネス・モデルの第2の要素は，監査の新しい生産関数である。監査業務は，分析的レビューと実証性テストという2つの主要な要素から構成されている。分析的レビューは，財務報告書の全体的な健全性を評価するために，財務報告書を構造的，趨勢的，そしてクロスセクショナルに比較評価することであ

る。ひとたび監査人が企業とその環境をモデル化することに注力したならば，その後の分析的レビューは容易にできる。実証性テストは，現場での企業の財産と債務の直接的検証であり，企業の工場，棚卸資産，債権者，債務者をコストをかけてチェックしなければならない。1975年から2000年にかけて，これらのコストを削減すべく効率的なサンプリング方法を生み出すための洗練された統計的技法が監査人によって開発されたが，それでも実証性テストには巨額の監査予算を要した。そこで監査人は，競争の圧力の下で，その生産関数をシフトさせ，金のかかる実証性テストの割合を減らし，安上がりな分析的レビューの割合を増やした。こうして監査業務の大部分は，オフィスから離れることなく，より少ない時間，労力，費用でもって，実行できるようになったのである。

新しいビジネス・モデルの第3の要素は，監査プロフェッションへ新しく加わる人たちの給与を下げることであった。この影響は，すぐさま会計学を主専攻に選ぶ大学生数の減少として現れ，そして数年後に，米国の大学における学部会計専攻の数の減少，さらには公認会計士試験の受験者数の減少へとつながった（図表6-1および図表6-2を参照）。

監査人は，このような新しいビジネス・モデルは，自らの事務所の経済的存続可能性を高めるだろうと期待していたのかもしれない。しかし，そうはならなかった。ビジネス・モデルの変更は，想定外の重大な帰結を招いたのである。実証性テスト—例えば，監査人が実地棚卸しをするために倉庫の棚に出向いたり，顧客の債務者に直接の確認を求めたりするなど—の削減は，悪意ある経営者が数字をごまかす機会が増え，それが発見される機会が減ることを意味する。監査顧客に高いマージンのコンサルティング・サービスを販売することの重要性が増したことで，それまでは偉そうにしていた監査事務所のパートナーでさえ顧客の玄関で哀願するセールスマンと化してしまった。このようなパートナーは，顧客企業のCEOやCFOとの大金のかかった交渉において，財務報告の公正性についての自らの判断に固執することはほとんどできなかった。企業の財務担当役員はいつでも，新規のコンサルティング・プロジェクトを今の監

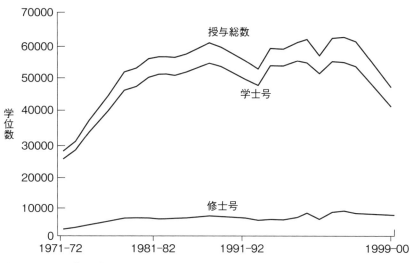

図表 6-1　米国で授与された会計学の学位

出典：AICPA［2002］

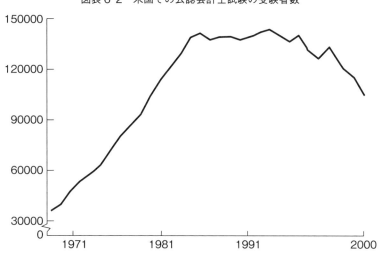

図表 6-2　米国での公認会計士試験の受験者数

出典：AICPA［2002］

査人に依頼することもできたし，別の監査人を見つけることを仄めかすことも
できた。監査価格の下落によって，監査の生産関数とプロダクト・ミックスの
変更を監査人は余儀なくされ，それが監査サービスの品質低下につながった。
しかし，監査人の責任は軽減されることはなかった。すぐさま，その帰結が生
じることになった。

6-6-2　責任が利益を蝕む

　1980年代半ばまでに，監査人を相手取ってその過失責任を問う訴訟の数が急
激に増加した。訴訟は法廷の内と外で何とか和解に持ち込まれた。監査人が単
一の監査での損害に関して1億ドルを超える支払いをした事例もある。新しい
ビジネス・モデルは，望んでいたような利益を生み出さなかったので，監査人
はそれを再構築しなければならなかった。監査人は先に述べた3つの要素すべ
てをさらに強化するとともに，後述する4つ目の要素を追加した。コンサル
ティング・サービスは，すでに監査事務所の収益の柱となっていた。監査事務
所は，監査プロジェクトではなく，コンサルティングに従事できる大卒者の採
用にシフトした。主要会計事務所は，監査業務に役立つ高度な会計スキルの講
義を提供するよう大学に促すという長い間の方針を断念して，アメリカ会計学
会（AAA）の会計教育改善委員会に資金を提供して，会計士ではなく戦略思
考家（専門のコンサルタント）を訓練するよう新たに大学に促した。監査人は，
監査にかかる人件費を削減するために生産関数をシフトさせ，実証性テストを
減らすとともに分析的レビューを増やし続けた。監査プロフェッションは，強
いられた競争がもたらした帰結に対処するために，新しいビジネス・モデルに
従うほかなかった。しかし，監査人の責任がその障壁として立ちはだかったの
であり，次なる関心はこの点に向けられた。

　裁判所が，監査済み財務報告書が企業の財政状態および経営成績を公正に表
していないと判断したとき，監査人は経営者や取締役等と共同して重い責任を
負い，原告への損害賠償を求められた。それほど頻繁に起こったわけではない
が，賠償責任を負っている他の当事者がほとんど財産を有していないとき，監

査人は，自分自身が被る損害賠償額を支払うと同時に他の当事者の損害賠償の支払いを負担することもあった。監査人は，この連帯責任の原則が問題の主な原因であると考え，損害賠償のうち自らの責任部分のみを支払うことができる比例責任に置き換えることを決意した。では，4つ目の要素であるこの変更はどのように達成されたのだろうか。

6-6-3　政治戦略

　医師と法律家は，何年にもわたって政治家に選挙資金を提供してきたのであり，資金を提供した政治家からの政治的見返りを堂々と受けてきた。会計士も同様の道を歩むことを決め，議員へのアクセスを得るために選挙資金を提供するべく資金を調達し始めた。会計士は，1988年，1990年，1992年，および1994年と選挙のたびに献金を増やし，連邦議会や州議会でロビイング活動を行った。1995年，連邦議会は最終的に証券民事訴訟改革法を可決し，監査人の責任を連帯責任の原則から比例責任の原則へと変更した。この法律は，米国のハイテク産業に雇われたビジネス・ロビー活動家への見返りとして，セーフ・ハーバー条項のもと株式公開会社が財務報告書に将来の見通しに関する説明を含めることも認めた。そのような説明が将来の見通しだと明確に表示されている限りは，経営者はどんな誤謬についても責任が問われることはない。これが8年間のクリントン政権時代に議会が大統領拒否権を覆して通過させた唯一の法律だったことは，会計士のロビイング力の強さを物語っている。

　1995年の法律は，監査人の新しいビジネス・モデルが効果を発揮するための道を開いた。彼らは，もはや単に監査人または会計士と呼ばれることを望まなくなった。いずれにせよ新しい生産関数は，監査に向けられる努力を低減させるものであった。新たな専門用語である「保証業務」は，会計士のビジネスのうち監査に関する部分を表すために作られた言葉である。会計士は，コンサルティング業務からの報酬で，保証業務から生ずる比例責任部分の支払いを賄えると踏んだ。アーサー・アンダーセンでは，会計原則の問題に関する最終決定権は，伝説になるほどの厳格なシカゴ本部から，現地での監査に直接責任を負

うパートナーに移された。監査パートナーには監査顧客から得なければならないコンサルティング収入の額が割り当てられ，その圧力は，多くの古参の会計士たちを早期退職でやめるよう強制するほどまでに強まった。ドットコム・バブル時代には金儲け主義が蔓延し，監査人は加害者となり，短期的には受益者となり，そして最終的にはバブルの犠牲者となったのである。

6-6-4　SEC の誤った診断

　SEC は大惨事が近づいているのを察知し，このレースを止めようとしたが，他の多くの人と同様に，監査事務所のコンサルティング収入を問題の原因と誤って診断してしまった。SEC は，監査顧客へのコンサルティングの拡大が，1970 年代に行われた政府による政策の変更を通じて監査業界に課せられた競争の結果として起こったものだとは考えていなかったのである。会計士は，監査事務所が監査顧客にコンサルティング・サービスを提供することを禁止するという SEC の提案を，何としてでも阻止すべく政治力を行使した。その結果，（監査顧客に対するコンサルティング・サービスの提供を禁止するのではなく）そのコンサルティング収入を公表するという妥協点に落ち着いた。

　大きな景気後退や株式市場の暴落が生じた後にはいつも，脆くも崩れ去ったビジネスと，打ちひしがれた希望の残骸が散らばっている。それに付随して会計や監査のスキャンダルが起こることもある。しかし，2002 年に起きた数々の不祥事が通常の場合と異なっていたのは，会計および監査に関連した驚くべき出来事が異常なまでに多かったことと，しばしばそれが何十億ドルにもなってしまうほどに大規模だったことである。1970 年代後半，政府の政策が，とりわけ監査サービス市場が「レモン市場」となりやすいことを考慮せずに，すべての専門職に関して競争を推進したことが，事態を悪くしていた。競争を追求するあまり，政府は監査人の独立性を損なわせただけでなく，競争自体も損なわせたのである。四半世紀にわたって競争を促進する努力が行われた後，大部分の株式公開会社を監査してきた大規模監査事務所の数は半減し，今では 4 事務所になってしまった。

6-7　要約

　特定の目標を達成するために社会制度をデザインすることは容易ではない。これまでの議論が示しているように，我々の僅かばかりの知識を使って新しいデザインを実行に移すことはできるが，それが，成功の保証はほとんどない，せいぜい試行錯誤のプロセスであることは理解しておかなければならない。会計規制者は，60年にわたって55回ほどリース会計基準の設定・改訂を試みてきたが，未だかなり多くのリースをオンバランスすることに成功してはいない。したがって，我々は大きな期待を持って社会制度のデザインに取り組むべきではない。それに代わる方法は，ボトムアップのプロセスでの漸進的な変化によって，システムがよりゆっくり進化するようにすることである。しかしながら，財務報告の悪用が発見されたとき，性急に新しいルールを作らないようにするのは難しい。なぜならば，我々は自信過剰に陥っているからである。

　米国における税務会計と財務報告との乖離は，両者を別々に最適化する能力を我々が持っていると過信している良い例である。それら2つの会計を分離することが許されていなければ，2つの会計が共進化するので，企業に対するそれぞれのインセンティブを通して両方を規律づけることが可能である。このような税務会計と財務報告との一致は，両者のルールをかなり簡素化し，社会にとって死重損失となりかねない租税や監査のコストの大幅な節約につながるであろう。

【第6章　解説訳注】

a　（95頁）財務会計財団（Financial Accounting Foundation：FAF）の2019年の年次報告書によると，FASBの2019年度の収入は2,929万4,000ドルであり，収入源はSOX法第109条の規定に基づいて，8,402社の有価証券発行者から受け取った「会計サポート料」（accounting support fees）である。ここで，サンダー教授が"tax"と述べているのは，この資本市場参加者から徴収した「会計サポート料」が国民から徴収する税金に似ていることによる比喩である。

b　（98頁）この文章の直訳的な意味は次の通りである：銀行や監査事務所が「鬼」で，経営者と財務エンジニアが「子」として「かくれんぼ」をしている。「子」は共謀して「鬼」

から隠れている。その「かくれんぼ」において FASB の基準は「鬼」からすれば「敵」になってしまった。つまり，FASB の基準は「子」が「鬼」から隠れるのを助けている。

c （98 頁）これは，サブプライムローンを組み込んだ債券の格付けに関する指摘であり，ムーディーズが従来通りのやり方で過去データを数式に放り込んで格付けを行い，AAA 格付けを付与してしまったことを批判する文章である。企業は規制・基準・格付け方法の裏をかいて新しい取引や金融商品を作り出すが，詳細なルールやリジッドな格付け方法では後追いの「いたちごっこ」になるだけで，問題は解決しない，とサンダー教授は主張していると思われる。なお，サンダー教授が引用している Lowenstein [2008] の文章は，キルケゴールの Life can only be understood backwards; but it must be lived forwards の本歌取である。

d （100 頁）ここでいう「プロフェッショナリズム」は，いわゆる「プロ意識」とは異なり，「プロフェッションとして正しいことをする」という意味である。プロフェッションはその専門的知識・技能を個人の利益のためではなく，公益のために使わなければならない。だからこそ，社会的に保護され，排他的な特権（監査や医療などを排他的に行う資格）が与えられている。もちろん，実際には彼らは自己の利益のためにも行動しているので，ここでは「建前」と表現されている。

e （101 頁）法の支配（rule of law）とは，「統治される者だけでなく統治する者も，法に従うべきであるとする原理。13 世紀のブラクトン（Bracton）の『国王は，何ぴとのもとにもあるべきではないが，神と法のもとにはあるべきである』という言葉は，rule of law の精神の真髄を示したものとされる」（田中英夫編集代表『英米法辞典』東京大学出版会，1991 年）。法の支配の精神の具体的な現れ方は「国により，また時代により異なるものの，英米の法制度・法準則に対する導きの星としての役割を果たしてきたのであり，指導原理としての力は今日でも失われていない」（同上）。また，「法の支配における『法』とは，議会が制定した『法律』を超えた，自然法的な響きが込められている。それは，権力の座にあるものが権力を濫用することを，強く戒める政治の指導原理ともなっている」（同上）。

f （105 頁）ここでは，例えば GAO がすべての企業の監査を行うような状況を想定している。

g （106 頁）アカロフ（1940 年-）は，米国の経済学者。イェール大学，マサチューセッツ工科大学を卒業。カリフォルニア大学バークレー校とロンドン・スクール・オブ・エコノミクスの教授を経て，カリフォルニア大学バークレー校教授。1970 年に，The Quarterly Journal of Economics 誌（Vol.84, No.3, pp.488-500）に掲載された，The Market for "Lemons": Quality Uncertainty and the Market Mechanism という論文において，財・サービスの品質に関する情報の非対称性が市場メカニズムに与える効果を始めて定式化し，その後の情報の非対称性の経済学の発展を基礎づけた。（金森久雄・荒憲治郎・守口親司編『第 5 版 有斐閣経済辞典』有斐閣，2013 年。）なお，不良品・粗悪品のことを英語でレモンというが，ここでは見かけは良いが内容の酷い中古車のことである。

　2001 年に，情報の非対称性に関する研究への貢献が評価されて，マイケル・スペンス，ジョセフ・E・スティグリッツと一緒にノーベル経済学賞を受賞した。

第 7 章

変革への道

　会計研究のかなりの多くはこれまで，ミクロ・レベルの詳細な事柄に関心を払ってきた。すなわち，会計ルール，財務報告書，ディスクロージャー，および個人の意思決定と市場の動きが，どのような関係にあるのかを明らかにしようと試みてきたのである。こうした研究は，個人の意思決定のための情報源とみなされ，さらには参加者が自らの目標を追求する多人数ゲームとみなされる財務報告に多くの洞察を与えてきた。また，「意思決定有用性」という名の下に，社会規範やゲーム理論を軽視して，意思決定という意図された目的に役立つべく，会計制度は作られてきた。財務報告と監査に関する膨大な量の明文化された基準は，この種の取り組みの最も目に見える成果である。

　しかし，一歩退いて，過去1世紀にわたる会計と監査の進化に関するより幅広いパースペクティブから眺めてみると，果たして財務報告は過去よりも現代の方が良いものとなっているのだろうか，という疑問が生じる。この疑問に答えるのは難しい。しかも，それに答えようとすれば，さらにチャレンジングな反実仮想の問いに答える必要がある。すなわち，財務報告は，もし規制機関がここ数十年，それを改善しようと試みてこなかったならば，より良いものとなっていたであろうか，という問いである。

　第2章では，ポジティブ・セオリーというパングロシアンの眼鏡を通して我々が世界を見るのであれば，会計は，結婚式や日常生活におけるその他の儀礼のようなものであって，「より良い財務報告」という言葉は大した意味を持たない，ということを論じた。そうしたパースペクティブからすれば，より良い財務報告に関する研究は，良い結婚式を挙げるための研究と同じぐらい，やっても仕方がないものである。それにもかかわらず，ポジティブ・セオリーが支配的パラダイムとなってからも，財務報告について何ゆえこれほど多くの研究が行われているのだろうかと疑問に思う人がいるかもしれない。パングロシアンの眼鏡を通してみると，おそらく研究もまた，その目的，方向性，質，

あるいは到達点についての価値判断に左右されるものではないのであろう。

　私個人のパースペクティブでは，財務報告は単なる社会現象ではなく，人間の目的に役立てるように設計された人工物である。第 2 章において，分析の指針を得るため，属性アプローチと目的アプローチを検討した。これら 2 つのアプローチにはともに魅力があるものの，いずれもその根拠を合理的に説明できるような選択を行うことができそうにないという欠点も持っている。財務報告の望ましい複数の属性は整合していないものが多い。また，社会および様々な集団が持つ複数の目標は，最も概括的なレベル，あるいはほぼ哲学的なレベルでしか調和させることができない。その結果，より良い財務報告に向けて分析的アプローチを採ろうとしても上手くいかないことになる。

　第 4 章から第 6 章では，ルール，社会規範，および制度を検討した。明文化されたルールは明らかに魅力的である。すなわちそれは，具体的かつ明確で，書かれたものとして公表され，広く知れ渡らせるのが容易であり，カタログ化され，一定の正確性をもって記述されているので，分析や議論の対象とすることができる。また，それは既知の透明な，しばしば民主的なプロセスを経て作成されるとともに，社会的に容認されたプロセスに則ってコメントを受け，改訂され，執行される。このような明文化されたルールは「グッド・ハウスキーピング」という我々の感覚にもマッチする。これに対して，社会規範は明確さに欠け，曖昧にしか定義できず，時間と場所によって変化し，それを学び内在化するためには社会化の拡張を必要とする。また社会規範は，不確定な部分を多く持ち，十分には理解されていないプロセスで徐々に進化していくので，その時々に生じる問題に具体的な指針を与えるのは難しい。不祥事がニュースを賑わしたときには，社会規範を正統化してきた専門知識と効率性の主張は通用しなくなるので，それを擁護することがほとんどできなくなる。政治家は，問題のある会計実務を禁止するために新しいルールを明文化する立法権限を行使し，それらのルールを執行する行政機構を設置し，それまで支配的であった規範に対する信頼性を失わせ，勝利を宣言した上で，次の政治的課題に関心を移すというやり方で，非常に簡単に公衆をなだめることができることを知ってい

る。しかし問題は再燃する。

　私は，ルール，規範，および制度のバランスの良い組み合わせがあり，それが解決の糸口となるかもしれない，という希望を抱いている。我々は明文化されたルールを必要としている。小規模な家族的集団を超えて，相互理解と期待のみに基づいて，調整を行い，対立を解消し，秩序を維持するには耐えられないほど大きな費用と時間が必要となるからである。ハムラビ王が4000年ほど前に，この目的を達成すべく彼の王国のすべての人々のために282条からなる法律を明文化したのがハムラビ法典である。

　起こりうると分かっているすべての事態に備えてルールを定めることはできない。意図した結果を達成するうえで，明文化された詳細なルールとその有効性との間にどのような関係があるのかは不明である。あらゆるルールに抜け道は必ず存在する。しかし，詳細を書き加えて抜け道を塞ごうとする試みは，新しい抜け道を生み出すだけである。人間の社会生活は，社会的・文化的規範と呼ばれる，さほどフォーマルではない，互いの行動に関して共有された期待と，それがかなり内在化された制裁のシステムによってのみ可能になる。ステレオタイプな表現をすると，健康で幸せな子供を育てるためには，父親の厳しい規律と母親の優しい温かさの双方が必要なように，ルールと規範は一緒に機能するものである。

　EUや他のいくつかの国々におけるIFRSの採用は，統一のメリットを強調する野心的なレトリックによって促された。しかし，異なる社会に同じプロセスやルールを適用しても，結果が同じになるわけではない。なぜならば，その結果は，ルールとそれが適用される環境によって決定されるからである。一組のグローバルな会計基準というビジョンが達成可能であるか否かだけでなく，それが望ましいか否かもまた我々は吟味する必要がある。いくつかの望ましくない帰結について論じたものとしてCatanach and Ketz［2011］を参照されたい。またIFRSのその他の問題点についてはSunder［2007, 2009］およびFearnley and Sunder［2012］を参照されたい。

　財務報告の実務は，一般法，商事法，経済環境，および企業実務と複雑に作

用しあっている。社会システムと市場の複雑さ，および両者の間の相互作用は，シンプルで多様性のはるかに小さい経済においてでさえも，専門家グループが会計問題に対するより良い解決策を考案することを困難にしてしまう。かりに解決策を見出すことが可能であったとしても，そうした解決策はボトムアップでの会計の進化によってのみ生み出されうるのであり，アカウンタビリティが乏しく，新しい解決策を実務で試行することができないような，「専門家」の審議会が選択した単一の方法をトップダウンで強制することによって財務報告の改善が可能になるわけではない。Waymire and Basu［2007］は，会計は1つの進化した制度であると主張している。

「ルール」と「規範」を効果的に組み合わせるためのレシピはない。おそらく，両者の受容可能なバランスを達成するための「制度」を構築し支援することに，我々は希望を見出すべきであろう。人間の知性は，社会システムをトップダウンでデザインするには不十分であるため，そのような制度を提案するうえではかなりの謙虚さが必要になる。では，そうした制度はどのようなものだろうか。以下では，大まかにその概要を結論的に述べておこう。

望ましい会計の諸機関は，特定の利益集団に支配されるのではなく，関係する多くの人々からの広範な代表を集めるべきである。そのような機関は，自らの行動が社会全体に対してどのような結果をもたらすかを考慮するであろう。

これらの機関は，多数決によって運営されるのではなく，コンセンサスを形成するよう試みるべきである。そうであるならば，ルールをビジネス界や会計界がいまだ広く受け入れる準備ができていないときには，いくつかの集団がルールの発行を中止させることができるであろう。これはまた，このコンセンサス型の機関には「会計ルールを常に作成し続けなければならない」というバイアスがなく，公表する新たなルールの数の多さで評価されたりしないことを意味する。コンセンサス型の組織が公表するルールは今よりも少なくなるだろうし，かなりの間隔をおいてもルールが発行されないこともありうる。これは，会計ルール設定機関が無能であることではなく，多様なコミュニティに奉仕しようと配慮していることを意味している。

そのような会計機関は，規制による強制力ではなく，その説得する力，すなわち論理，説明，教育，広く行われている実務の調査とその開示，およびコンセンサスの形成に関する力に依拠することになる。その説得力は，オックスフォード英語辞典以上のものであろう。オックスフォード英語辞典は，現代の用語法の中から新しい単語を選び出して追加するだけでなく，さらには，参照すべき文献として，また規律を与え見解の相違を解消するためのインフォーマルなメカニズムとして役立ちながら，言葉の意味のゆっくりとした進化を認めている。そのような機関は多様性から目をそらすことはない。むしろ，実務の多様性は，イノベーション，熟議，比較研究，学習，および新しいアイデアの源になる。

　コンセンサス型の会計ルール設定機関は，まだ試されていない新しい考えを実務で採用するよう提言する前にフィールド・テストを行うであろう。そうした機関は，その提言の中にある弱点を発見するために，いくつかの企業に対して財務報告書を作成する際に試行するよう促し，一般大衆，特に学生を対象にして，それらをパイロット的にテストすることができる。

　制度の全体構造は，独占の誘惑に屈せず競争を認めるならば，しなやかな強さを備えたものになり，特に財務エンジニアリングによるイノベーションにうまく対応できるものになるであろう[1]。ゆるやかな規制監督の下で，少数の機関が企業やその利害関係者からの支持と収入を得るために競争することが許されるならば，そうした機関は様々な利害をより有効に比較し，学習し，それを新たに取り込んで，バランスさせるであろう。この場合，ルール作成者は，その基準を遵守することを選択した企業からの手数料が唯一の収入源となるため，自らの経済的生存のために利益をあげつつ[2]，財務報告書の作成者の利害だけ

---

[1] 例えば Dye et al. ［2015］あるいは Abdel-Khalik ［2016］を参照。Tavakoli ［2008］は良い参考文献である。

[2] 企業や利害関係者からの支持と収入のいずれについても，FASB と IASB は競争していないことに注意されたい。FASB と IASB はそれぞれの管轄において事実上の独占を享受しており，しばらくの間，「コンバージェンス」を達成するために協力しあっていた。

でなく，利用者と監査人の利害もバランスさせなければならない。また，いくつかの機関が互いに競い合ってルールを作成するとき，もし利用者がより詳細なルールによって作成された財務報告書の方には関心を示さないならば，それらの機関は「ルールをもっと詳細なものにしてほしい」という企業や監査人からの圧力に抵抗することも，より容易になるであろう [Sunder, 2011b]。さらに，例えば，強制監査なしで運営される競争的な監査体制や，税務会計との完全な一致が要求される財務報告体制を構築することも可能であろう。そのような体制下で活動することを企業が選択するか否か，また，そうした企業が投資家やその他の関係者から見放されないかどうかは，競争の扉が開かれない限りは知りようがない。コカ・コーラ社は，従来の製品に代わる新製品を発売するにあたって，事前に消費者嗜好の広範な比較調査を実施したうえで新製品を市場に投入したのだが，新製品は市場での競争に敗れてしまい，結局，その調査は無駄になってしまった [Schindler, 1992]。

　財務報告の問題について判決を下す会計裁判所を新たに設立し，財務報告の判例法体系を発展させることは，このような「ソフトな」制度にとっての安全装置となりうる。こうした会計裁判所は，提起された裁判について，公表されたルールに準拠しているか否かだけで判断するのではなく，「真実かつ公正」な表示のようなコモンローの規準によって判決を下すであろう。

　いかに頑強な制度であっても，大きな圧力の下では崩壊してしまう。財務報告に対しても絶えず圧力が加えられているが，その源泉となっているのは様々な利害関係者の自己利益である。ここ数十年間を振り返ってみると，財務報告に対するそうした圧力は，業績連動型の経営者報酬から発生することが多かった。巨額の経営者報酬が財務報告書上の利益や売上の金額に連動しているとき，報告書の誠実性を維持することは困難となる。この点に関して，米国の規制機関の規制は功罪の両面があり，うまくいっていない。規制機関は，一方では，経営者と平均的な従業員との報酬の比率を明示させることによって，経営者が過度に多額な報酬を受け取ることを規制しようと試みてきた [McGrane and Lublin, 2015]。しかし他方では，規制機関は，株式公開企業に経営者報酬と測

定された財務業績とを結びつけて開示することも求めてきた［SEC, 2015］。このような連携の開示を促進することは，財務報告書に対する圧力を強めるだけであって，会計制度に対するソフトなアプローチを損なわせることになる。

これまで本書において示唆してきたことが，より良い財務報告へと結実するか否かは確かではない。しかし，過去80年間に我々が良い方向に進んできたかどうかに関して証拠を示そうにも，財務報告の質を測定する術がないわけではないが，あるとしても明確なものではないので，そうした証拠がどのようにしたら見つけられるのかについてさえ，ほとんど合意が得られていないのである。したがって，これらのアイデアを試行してみても，あるいは少なくとも現状に対する代替案について積極的に議論してみても，悪くはないであろう。

謝　辞

　本書で示された考え方や議論は，私の何十年にもわたる教育や研究の中で展開してきたものである。私は恩師，学生，同僚，共著者，ビジネスや会計実践を通じての友人，あるいは他の著者たちから学ぶとともに，お世話になってきた。Jonathan Glover は，本書の草稿を慎重に読んで，改善のための数多くの思慮深いコメントや提案をしてくれただけでなく，財務報告の改善という難題について，長年にわたって同僚として議論の相手をしてくれた。深く感謝したい。Manjula Shyam の草稿に対する多くの提案と Elizabeth Viloudaki の優れた編集作業にも感謝する。本書における考えや議論の多くは，すでに論文や書物として公表されてきたものの中に含まれている。その点については，できる限り明示的に言及した。本書はまた，以前に出版された私自身の著作に大きく依存しているが，それらは参考文献リストに示している。最後になったが，シリーズ編集者の Stefan Reichelstein と出版者の Zac Rolnik の励まし，支援，そして忍耐に感謝したい。何らかの誤りがあれば，それはひとえに私個人の責任である。

参考文献

Abdel-Khalik, A. R. (2016, 2019) How enron used accounting for prepaid commodity swaps to delay bankruptcy for one decade: The untold story. January 27. Available at: http://ssrn.com/abstract=2747119. *Journal of Accounting, Auditing and Finance*, 34(2): 309–328.

Ackerlof, G. A. (1970) The market for 'lemons': quality, uncertainty and the market mechanism. *Quarterly Journal of Economics*, 84(3): 488–500.

American Institute of Certified Public Accountants. (1932–1934) *Audits of Corporate Accounts*. (加藤盛弘・鵜飼哲夫・百合野正博訳『会計原則の展開』森山書店，1981 年所収。)

American Institute of Certified Public Accountants. (1994) *Comprehensive Report of the Special Committee on Financial Reporting* (*The Jenkins Committee Report*). (八田進二・橋本尚訳『事業報告革命』白桃書房，2002 年。)

American Institute of Certified Public Accountants. (2010) *Accounting Trends and Techniques*, 64th edition, AICPA.

American Institute of Certified Public Accountants: Accounting Principles Board. (1970) *Basic Concepts and Accounting Principles Underlying Financial Statements of Business Enterprises: Statement No.4 of the APB*. AICPA. (川口順一訳『企業会計原則』同文舘，1973 年。)

American Institute of Certified Public Accountants (1973) Study Group on the Objectives of Financial Statements. *Objectives of Financial Statements*. AICPA. (川口順一訳『財務諸表の目的』同文舘，1976 年。)

American Institute of Certified Public Accountants. (2002) *Trends in the Supply of Accounting Graduates and the Demand for Public Accounting Recruits*. AICPA.

Arrow, K. (1951, 1963) *Social Choice and Individual Values*, 2nd edition, Wiley. (長名寛明訳『社会的選択と個人的評価』日本経済新聞社，1977 年。)

Arya, A., J. Glover, and S. Sunder (1998) Earnings management and the revelation principle. *Review of Accounting Studies*, 3(1-2): 7-34.

Arya, A., J. Glover, and S. Sunder (2003) Are unmanaged earnings always better for shareholders? *Accounting Horizons*, 17: 111–116.

Baiman, S. (1975) The evaluation and choice of internal information systems within a multi-person world. *Journal of Accounting Research*, 13(1): 1–15.

Barth, J., G. Caprio, and R. Levine (2004) Bank regulation and supervision: What works best? *Journal of Financial Intermediation*, 13(2): 205–248.

Barth, M. E., G. Clinch, and T. Shibano (1999) International accounting harmonization and global equity markets. *Journal of Accounting and Economics*, 26(1–3): 201–235.

Bates vs State Bar of Arizona. 1977. 433 US 350.

Baxter, W. T. (1953, 1962) Recommendations on accounting theory. *The Accountant* 129(4113): 405–410. In W. T. Baxter and S. Davidson, editors, *Studies in Accounting Theory*, Irwin 414–427.

Bell, C. (1997) *Ritual: Perspectives and Dimensions*. Oxford University Press.（木村敏明・早川敦訳『儀礼学概論』仏教出版，2017 年。）

Belson, K. (2005) Ex-chief of WorldCom is found guilty in $11 billion fraud. *The New York Times*, March 16, 2005.

Berg, J. E., J. Dickhaut, and K. McCabe. (1995) Trust, reciprocity, and social history. *Games and Economic Behavior*, 10: 122–142.

Bernstein, L. (2001) Private commercial law in the cotton industry: Creating cooperation through rules, norms, and institutions. *Michigan Law Review*, 99(1): 1724–1790.

Bertomeu, J. and R. Magee (2005a) Political pressures and the evolution of disclosure regulation. *Review of Accounting Studies*, 20: 775–802.

Bertomeu, J. and R. Magee (2005b) Mandatory disclosure and the asymmetry in financial reporting. *Journal of Accounting and Economics*, 59: 284–299.

Beugelsdijk, S., H. L. F. de Groot, and A. B. T. M. van Schaik (2004) Trust and economic growth: A robustness analysis. *Oxford Economic Papers*, 56: 118–134.

Bicchieri, C. (2006) *The Grammar of Society: The Nature and Dynamics of Social Norms*. Cambridge University Press.

Bicchieri, C. (2015) *Norms in The Wild: How to Diagnose, Measure and Change Social Norms*. Cambridge University Press.

Bicchieri, C. and H. Mercier (2004) Norms and beliefs: How change occurs. *Iyyun: The Jerusalem Philosophical Quarterly*, 63: 60–82.

Blackwell, D. and M. A. Girshick (1979) *Theory of Games and Statistical Decisions*. Wiley.

Bloomfield, R. J. (2012) A pragmatic approach to more efficient corporate disclosure. *Accounting Horizons*, 26(2): 357–370.

Bray, C. (2009) Madoff Pleads Guilty to Massive Fraud. *The Wall Street Journal*, March 12, 2009.

Bromwich, M., R. Macve, and S. Sunder (2005) FASB/IASB revisiting the concepts: A comment on hicks and the concept of "income" in the conceptual framework. London School of Economics Working Paper.

Brown, N. C., T. E. Christensen, A. Menini, and T. D. Steffen (2016) Non-GAAP earnings disclosures and IPO pricing. Yale University Working Paper.

Bullen, H. G. and K. Crook (2005) *Revisiting the Concepts: A New Conceptual Framework Project*. FASB and IASB, May 2005.

Catanach, A. H. and J. E. Ketz (2011) IFRS is for criminals. *Grumpy Old Accountants*. Available at: https://www.sec.gov/comments/4-600/4600-21.pdf, accessed November 1, 2020.

Chambers, D., D. R. Hermanson, and J. L. Payne (2010) Did Sarbanes-Oxley lead to better financial reporting? *The CPA Journal*, September: 24-27. Digital Commons @ Kennesaw State University.

Cheit. R. E. (1990) *Setting Safety Standards: Regulation in the Public and Private Sectors*. University of California Press.

Coase, R. (1960) The problem of social cost. *Journal of Law and Economics*, 3: 1-44. (宮沢健一・後藤晃・藤垣芳文訳「社会的費用の問題」『企業・市場・法』東洋経済新報社, 1992年所収。)

Coleman, J. (1990) *Foundations of Social Theory*. Harvard University Press. (久慈利武監訳『社会理論の基礎』青木書店, 上巻2004年・下巻2006年。)

Cook, K. S. (2001) editor. *Trust In Society*. Russell Sage Foundation.

Cooper, D. J. and M. J. Sherer (1984) The value of corporate accounting reports: Arguments for a political economy of accounting. *Accounting Organizations and Society*, 9(3/4): 207-232.

Cooper, W. W. and Y. Ijiri, editors. (1983) *Kohler's Dictionary for Accountants*, 6th edition, Prentice-Hall. (染谷恭次郎訳『コーラー会計学辞典』復刻版, 丸善, 1989年。)

Crook, C. (2015) Tougher rules can't repair banking's broken culture. *Bloomberg View* (August 3).

Dellarocas, C. (2003) The digitization of 'word of mouth': Promise and challenges of online feedback mechanisms. *Management Science*, 49(10): 1407-1424.

Demski, J. S. (1973) The general impossibility of normative accounting standards. *The Accounting Review*, 48(4): 718-723.

DeWally, M. and L. H. Ederington (2006) Reputation, certification, warranties, and information as remedies for buyers-sellers information asymmetries: lessons from the on-line comic book market. *Journal of Industrial Economics*, 52(4): 497-516.

Dezember, R., N. Friedman, and E. Ailworth (2016) Key formula for oil executives' pay: Drill baby drill. *The Wall Street Journal*, March 11, 2016.

Dobija, D. (2015) The early evolution of corporate control and auditing: The English East India Company. Kozminski University Working Paper.

Dontoh, A., J. Ronen, and B. Sarath (2013) Financial statements insurance. *Abacus*, 49(3): 269–307.

Dopuch, N. and S. Sunder (1980) FASB's Statements on Objectives and Elements of Financial Accounting: A review. *The Accounting Review*, 55(1): 1–22.

Doron, M. E. (2015) The Colonel Carter myth and the Securities Act: Using accounting history to establish institutional legitimacy. *Accounting History*, 20(1): 5–19.

Dworkin, R. M. (1986) *Law's Empire*. Harvard University Press. (小林公訳『法の帝国』未來社, 1995年。)

Dye, R. and S. Sunder (2001) Why not allow the FASB and the IASB standards to compete in the U.S.? *Accounting Horizons*, 15(3): 257–271.

Dye, R. A. (1985) Strategic accounting choice and the effects of alternative financial reporting requirements. *Journal of Accounting Research*, 23(2): 544–574.

Dye, R. A., J. Glover, and S. Sunder (2015) Financial engineering and the arms race between accounting standard setters and preparers. *Accounting Horizons*, 29(2): 265–295.

Ehrig, T., K. V. Katsikopoulos, J. Kuorikoski, S. Poyhonene, and S. Sunder (2015) Limitations of behaviorally informed policy under social interaction. Working Paper. Available at: http://dx.doi.org/10.2139/ssrn.2685912.

Eisenberg, M. A. (1999) Corporate law and social norms. *Columbia Law Review*, 99 (5): 1253–1292.

Ellenberger, J. S. and E. P. Mahar (compiled) (1973) *Legislative History of the Securities Act of 1933*, Vol. 2, Fred B. Rothman & Co.

Ellickson, R. C. (1991) *Order Without Law: How Neighbors Settle Disputes*. Harvard University Press.

Ellickson, R. C. (1998) Law and economics discovers social norms. *Journal of Legal Studies*, 27(2): 537–52.

Emerson, R. W. (1844) *Politics*, essays: Second series. Available at: www.rwe.org/works/Essays-2nd_Series_7_Politics.htm.

Evans, L. (2005) Brothels, tombstones and morality: A literary look at offbeat perspectives on accounting and finance. University of Edinburgh, Presented at the Annual

Meetings of the British Accounting Association.

Fearnley, S. and S. Sunder (2006) Global reporting standards: The esperanto of accounting. *Accountancy*, May 2006: 26.

Fearnley, S. and S. Sunder (2012) Global accounting rules — an unfeasible aim. *Financial Times*, June 3, 2012.

Ferrell, J. and G. Saloner (1985) Standardization, compatability, and innovation. *Rand Journal of Economics*, 16(1): 70–83.

Financial Accounting Standards Board (1978) *Objectives of Financial Reporting by Business Enterprises*. Statement of Financial Accounting Concepts No.1. FASB. (平松一夫・広瀬義州訳『FASB 財務会計の諸概念 [増補版]』中央経済社, 2002 年。)

Fingleton, J. and D. Schoenmaker (1992) *The Internationalisation of Capital Markets and the Regulatory Response*. Graham and Thornton.

Fiolleau, K., K. Hoang, K. Jamal, and S. Sunder (2013) How do regulatory reforms to enhance auditor independence work in practice? *Contemporary Accounting Research*, 30(3): 864–890.

Friedman, D., R. Mark Isaac, D. James, and S. Sunder (2014) *Risky Curves: On the Empirical Failure of Expected Utility*. Routledge.

Friedman, M. (1970) The social responsibility of business is to increase its profits. *The New York Times Magazine*, September 13, 1970.

Fuller, L. L. (1964) *The Morality of Law*. Revised edition, Yale University Press. (稲垣良典訳『法と道徳』有斐閣, 1968 年。)

Gallhofer, S. and J. Haslam (1991) The aura of accounting in the context of a crisis: Germany and the first world war. *Accounting, Organizations and Society*, 16(5/6): 487–520.

Ganim, J. M. (1996) Double entry in Chaucer's "*Shipman's Tale*: Chaucer and book-keeping before Pacioli. *Chaucer Review*, 30(3): 294–305.

Gennaioli, N. and A. Shleifer (2005) The evolution of precedent. Working Paper, Harvard University.

Glover, J. (2013) Can financial accounting regulators and standard setters get (and stay) ahead of the financial engineers? Emanuel Saxe Lecture at Baruch College.

Goetz, B. E. (1939) What's wrong with accounting? *Advanced Management*, Fall (1): 151–157.

Goralski, W. J. and M. Kolon (2000) *IP Telephony*. McGraw–Hill Professional Book Group.

Grady, P., editor (1962) *Memoirs and Accounting Thought of George O. May.* The Ronald Press.

Grady, P. (1965) *Inventory of Generally Accepted Accounting Principles for Business Enterprises.* Accounting Research Study No.7. AICPA. (日本会計研究学会スタディ・グループ・黒澤清監訳『会計原則研究—AICPA 会計原則叢書第 7 号』日本経営出版会，1968 年。)

Granovetter, M. (1985) Economic action, social structure: the problem of embeddedness. *American Journal of Sociology,* 91(3): 481–510.

Group of Thirty (2016) *Banking Conduct and Culture.* Group of Thirty.

Hale, M. (1713) *The History of the Common Law of England.* Available at: http://www.constitution.org/cmt/hale/history_common_law.htm.

Hatfield, H. R. (1927) *Accounting: Its Principles and Problems.* D. Appleton and Company (reprinted Scholars Book Co., 1971).

Hayek, F. A. (1945) The uses of knowledge in society. *American Economic Review,* 35: 519–30. (嘉治元郎・嘉治佐代訳「社会における知識の利用」『ハイエク全集 I-3 個人主義と経済秩序』春秋社，2008 年。)

Hayek, F. A. (1991) *The Fatal Conceit: The Errors of Socialism.* University of Chicago Press. (渡辺幹雄訳『ハイエク全集 II-1 致命的な思いあがり』春秋社，2009 年。)

Hechter, M. and K. Opp (2001) *Social Norms.* Russell Sage Foundation Press.

Hellwig, M. (2008) *The Causes of the Financial Crisis.* Max Planck Institute for Research on Collective Goods, Available at: http://www.cesifo-group.de/pls/guestci/download/CESifo%20Forum%202008/CESifo%20Forum%204/2008/forum4-08-focus3.pdf.

Hirota, S. and S. Sunder (2007) Price bubbles sans dividend anchors: Evidence from laboratory stock markets. *Journal of Economic Dynamics and Control,* 31(6): 1875–1909.

Hirota, S., J. Huber, T. Stoeckl, and S. Sunder (2015) Speculation and price indeterminacy in financial markets. Cowles Foundation Discussion Paper No. 2001. Available at: http://dx.doi.org/10.2139/ssrn.2613945.

Jackson, M. W. (1992) Goethe's economy of nature and the nature of his economy. *Accounting, Organizations and Society,* 17(5): 459–469.

Jamal, K. and S. Sunder (2011a) Is mandated independence necessary for audit quality? *Accounting, Organizations and Society,* 36(4/5): 284–292.

Jamal, K. and S. Sunder (2011b) Unregulated markets for audit services. *Japanese*

Accounting Review, 1: 1–16.

Jamal, K. and S. Sunder (2014) Monopoly versus competition in setting accounting standards. *Abacus*, 50(4): 369–385.

Jamal, K. and H.-T. Tan (2010) Joint effects of principles–based versus rules–based standards and auditor type in constraining financial managers' aggressive reporting. *The Accounting Review*, 85(4): 1325–1346.

Jamal, K., M. S. Maier, and S. Sunder (2003) Privacy in e–commerce: Competitive disclosure, reporting standards, and demand for assurance services sans government regulation. *Journal of Accounting Research*, 41(2): 285–309.

Jamal, K., M. S. Maier, and S. Sunder (2005) Enforced standards versus evolution by general acceptance: A comparative study of e–commerce privacy disclosure and practice in the U.S. and U.K. *Journal of Accounting Research*, 43(1): 73–96.

Jensen, M. C. and K. J. Murphy (1990) Performance pay and top–management incentives. *Journal of Political Economy*, 98(2): 225–264.

Joyce, E. J., R. Libby, and S. Sunder (1982) FASB's qualitative characteristics of accounting information: A study of definitions and validity. *Journal of Accounting Research*, 20(2): 654–675.

Katz, M. L. and C. Shapiro (1985) Network externalities, competition and compatibility. *The American Economic Review*, 75(3): 424–440.

Kelman, S. (1981) *Regulating America, Regulation Sweden: A Comparative Study of Occupational Safety and Health Policy*. MIT Press.

Kitchen, J. (1954, 1962) Costing terminology. *Accounting Research*, 5(1), 32–44. In W. T. Baxter and S. Davidson, editors, *Studies in Accounting Theory*, Irwin 399–413.

Klinkenborg, V. (2005) Johnson's dictionary. *The New York Times*, April 16, 2005.

Kohn, A. (1993) Why incentive plans cannot work. *Harvard Business Review*, September–October, 54–63.

Krislov, S. (1997) *How Nations Choose Product Standards and Standards Change Nations*. University of Pittsburgh Press.

Landry, P. The common law: Tradition and stare decisis. Available at: http://www.blupete.com/Literature/Essays/BluePete/LawCom.htm.

Lang, M. and A. Wambach (2010, 2013) *The Fog of Fraud: Mitigating Fraud by Strategic Ambiguity*. Max Planck Institute for Research on Collective Goods. Available at: http://www.coll.mpg.de/pdf_dat/2010_24online.pdf. *Games and Economic Behavior*, 81, 255–275.

LaPorta, R., F. L. de-Silanes, and A. Shleifer (2003, 2006) What works in securities laws? Working Paper, Harvard University and Yale University. *The Journal of Finance*, 61(1), 1–32.

Laux, V. and P. C. Stocken (2016, 2018) Accounting standards, regulatory enforcement, and innovation, (November 24, 2015). Tuck School of Business Working Paper No.2713170, 2016. Available at: http://dx.doi.org/10.2139/ssrn.2713170. *Journal of Accounting and Economics*, 65(2): 221–236.

Lawrence vs Texas. 539 U.S. 558, 2003. (https://supreme.justia.com/cases/federal/us/539/558/).

Levine, C. (1996) *Conservatism, Contracts and Information Revelation*. PhD Dissertation, Carnegie Mellon University.

Levine, M. (2016) Money stuff. *Bloomberg View*. March 11, 2016.

Littleton, A. C. (1953) *Structure of Accounting Theory*. AAA. (大塚俊郎訳『会計理論の構造』東洋経済新報社, 1955 年。)

Livne, G. and M. McNichols (2009) An empirical investigation of true and fair override in the United Kingdom. *Journal of Business Finance & Accounting*, 36(1/2): 1–30.

Lowenstein, R. (2008) Triple a failure. *The New York Times*, April 27, 2008.

Lublin, J. S. (2005) CEO bonuses rose 46.4% at 100 big firms in 2004. *The Wall Street Journal*, A1, February 25, 2005.

MacNeal, K. (1939) *Truth in Accounting*. University of Pennsylvania Press. (reprinted by Scholars Book Co., 1970).

Madsen, P. E. (2011) How standardized is accounting? *The Accounting Review*, 86(5): 1679–1708.

Madsen, P. E. (2013) The pursuit of high quality accounting standards. *Accounting Horizons*, 27(4): 867–876.

Maltby, J. (1997) Accounting and the soul of the middle class: Gustav Freytag's soll und haben. *Accounting, Organizations and Society*, 22(1): 69–87.

May, G. O. (1943) *Financial Accounting: A Distillation of Experience*. Macmillan Company. (reprinted by Scholars Book Co., 1972.) (木村重義訳『財務会計―経験の蒸留―』同文館, 1970 年。)

McGrane, V. and J. S. Lublin (2015) SEC approval of pay-gap rule sparks concerns. *The Wall Street Journal*, August 5, 2015.

McGregor, W. (1992) True and fair view — an accounting anachronism. *Australian Accountant*, 62(1): 68–71.

Merino, B. D. and J. L. Coe (1978) Uniformity in accounting: A historical perspective. *Journal of Accountancy*, 146(2): 62–69.

Mill, J. S. (1863) *Utilitarianism*, first edition, Parker, Son & Bourn, West Strand (via Google Books). (伊原吉之助訳「功利主義論」『世界の名著49　ベンサム・J.S.ミル』中央公論社，1979年。)

Moriarty, G. B. and P. Livingston (2001) Quantitative measures of the quality of financial reporting. *Financial Executive*, 17(5): 53–56.

Morison, A. M. C. (1977, 1970) The role of the reporting accountant today. In W. T. Baxter and S. Davidson, editors, *Studies in Accounting*, 265–293, ICAEW.

Organisation of Economic Co-operation and Development (2006) *Report on the Cross-Border Enforcement of Privacy Laws*. OECD.

Ostrom, E. (2000) Crowding out citizenship. *Scandinavian Political Studies*, 23: 3–16.

Pacioli, L. (1494) *Summa de Arithmetica, Geometria, Proportioni et Proportionalita*. Paganino de Paganini da Brescia.

Parker, R. H. (1999) Accounting in Chaucer's *Canterbury Tales. Accounting, Auditing and Accountability Journal*, 12(1): 92–112.

Paton, W. A. (1940) Review of truth in accounting by Kenneth MacNeal. *Journal of Political Economy*, 48(2): 296–298.

Paton, W. A. and A. C. Littleton (1940) *Introduction to Corporate Accounting Standards*. American Accounting Association. (中島省吾訳『会社会計基準序説』森山書店，1958年。)

Peterson, J. (2015) *Count Down: The Past, Present and Uncertain Future of The Big Four Accounting Firms*. Emerald Publishing Group.

Plott, C. R. and S. Sunder (1988) Rational expectations and the aggregation of diverse information in laboratory security markets. *Econometrica*, 56(5): 1085–1118.

Posner, E. (2002) *Law and Social Norms*. Harvard University Press. (太田勝造監訳『法と社会規範：制度と文化の経済分析』木鐸社，2002年。)

Posner, R. (1997) Social norms and the law: An economic approach. *American Economic Review*, 87(2): 365–369.

Posner, R. (2003) *Economic Analysis of Law*, 6th edition, Little Brown.

Previts, G. J. and B. D. Merino (1979, 1998) *A History of Accounting in America: An Historical Interpretation of the Cultural Significance of Accounting*, Ohio State University Press. (大野功一・岡村勝義・新谷典彦・中瀬忠和訳『アメリカ会計史—会計の文化的意義に関する史的解釈』同文舘，1983年。)

PricewaterhouseCoopers (2014) *Revenue from Contracts with Customers: Global Edition*. 2014. Available at: https://www.pwc.com/us/en/cfodirect/publications/accounting-guides/revenue-recognition-accounting-financial-reporting-guide.html, accessed November 1, 2020.

Putnam, R. D. (1993) *Making Democracy Work: Civic Traditions in Modern Italy*. Princeton University Press.（河田潤一訳『哲学する民主主義―伝統と改革の市民的構造』NTT 出版，2001 年。）

Richerson, P. J. and R. Boyd (2004) *Not by Genes Alone: How Culture Transformed Human Evolution*. University of Chicago Press.

Ripley, W. Z. (1926) Stop, look, listen: The shareholder's right to adequate information. *Atlantic Monthly,* September: 380–399.

Ro, S. (2016) Wall street is wrestling with the possibility that stocks are being propped up by an illusion of profits. *Yahoo Finance,* March 9, 2016. Available at: https://finance.yahoo.com/news/stock-bull-market-gaap-pro-forma-earnings-accounting-debate-162728826.html, accessed November 1, 2020.

Romano, R. (2002) *The Advantages of Competitive Federalism for Security Regulation*. American Enterprise Institute.

Romano, R. (2005) The Sarbanes–Oxley Act and the making of quack corporate governance. *Yale Law Journal,* 114: 1521–1611.

Ronen, J. (2002) Post–enron reform: Financial statement insurance, and GAAP revisited. *Stanford Journal of Law, Business and Finance,* 8(1): 39–68.

Russell, N. (1986) *The Novelist and Mammon. Literary Responses to the World of Commerce in the Nineteenth Century*. Clarendon Press.

Sarbanes–Oxley Act of 2002, 2002. Available at: https://www.congress.gov/107/plaws/publ204/PLAW-107publ204.pdf.

Schindler, R. M. (1992) The real lesson of new Coke. *Marketing Research,* 4(4): 22–26.

Schmalenbach, E. (1948) *Pretiale Wirtschaftslenkung*. Band 2: Pretiale Lenkung des Betriebes. Dorn.

Schulzrinne, H. G. and J. D. Rosenberg (1998) A comparison of sip and h.323 for internet telephony. In *Proceedings of the 1998 Workshop on Network and Operating System Support for Digital Video (NOSSDAV'98)*, Cambridge, UK, July 1998.

Securities and Exchange Commission (2015) SEC proposes rules to require companies to disclose the relationship between executive pay and a company's financial performance. April 29, 2015. Available at: http://www.sec.gov/news/pressrelease/2015-78.

html, accessed November 1, 2020.

Seligman, A. B. (1998) On the limits of confidence and role expectations. *American Journal of Economics and Sociology*, 57(4): 391–404.

Shield, R. R. (2002) *Diamond Stories: Enduring Change on the 47th Street*. Cornell University Press.

Shiller, R. (2005) How wall street learns to look the other way. *The New York Times*, Feb. 8, 2005.

Shiller, R. J. (2000) *Irrational Exuberance*. Princeton University Press. (植草一秀・沢崎冬日訳『投機バブル・根拠なき熱狂—アメリカ株式市場, 暴落の必然』ダイヤモンド社, 2001 年。)

Sivakumar, K. and G.Waymire. (2003) Enforceable accounting rules and income measurement by early 20th century railroads. *Journal of Accounting Research*, 41(2): 397–432.

Sorter, G. H. (1969) An 'events' approach to basic accounting theory. *The Accounting Review*, 44(1): 12–19.

Spacek, L. (1958) The need for an accounting court. *The Accounting Review*, 33(3): 368–379.

Stigler, G. J. (1971) The theory of economic regulation. *The Bell Journal of Economics and Management Science*, 2(1): 3–21.

Sunder, S. (1981) Why is the FASB making too many accounting rules? *The Wall Street Journal*, April 17, 1981.

Sunder, S. (1984) Limits to information. In K. Bindon, editor, *1983 Accounting Research Convocation; Proceedings*, School of Accountancy, University of Alabama.

Sunder, S. (1988) Political economy of accounting standards. *Journal of Accounting Literature*, 7: 31–41.

Sunder, S. (1997) *Theory of Accounting and Control*. Thomson Learning. (山地秀俊・鈴木一水・松本祥尚・梶原晃訳『会計とコントロールの理論』勁草書房, 1998 年。)

Sunder, S. (2002a) Regulatory competition among accounting standards within and across international boundaries. *Journal of Accounting and Public Policy*, 21(3): 219–234.

Sunder, S. (2002b) Regulatory competition for low cost-of-capital accounting rules. *Journal of Accounting and Public Policy*, 21: 147–149.

Sunder, S. (2002c) Management controls, expectations, common knowledge and culture. *Journal of Management Accounting Research*, 14: 173–187.

Sunder, S.（2003）Rethinking the structure of auditing and accounting. *Indian Accounting Review*, 7: 1–15.

Sunder, S.（2005a）Minding our manners: Accounting as social norms. *The British Accounting Review*, 37: 367–387.

Sunder, S.（2005b）Social norms versus standards of accounting. In M. Dobija and S. Martin, editors, *General Accounting Theory: Towards Balanced Development*, pages 157–177, Cracow University of Economics. Available at: http://faculty.somyale.edu/shyamsunder/Research/Accounting%20and%20Control/Published%20Articles/127.Social%20Norms%20v%20Standards/127.SocialNormsStandardsofAccountingGAT3.pdf.

Sunder, S.（2007）Uniform financial reporting standards: Reconsidering the top-down push. *The CPA Journal*, April: 6–9.

Sunder, S.（2008）Extensive income and value of the firm: Who gets what? Yale ICF Working Paper No.02–15. Available at SSRN: http://ssrn.com/abstract=309747.

Sunder, S.（2009）IFRS and the accounting consensus. *Accounting Horizons*, 23(1): 101–111.

Sunder, S.（2010a）Adverse effects of accounting uniformity on practice, education, and research. *Journal of Accounting and Public Policy*, 29(2): 99–114.

Sunder, S.（2010b）'True and fair' as the moral compass of financial reporting. *Research on Professional and Ethics in Accounting*, 14: 3–11.

Sunder, S.（2011a）IFRS monopoly: the pied piper of financial reporting. *Accounting and Business Research*, 41(3): 291–306.

Sunder, S.（2011b）Paradox of writing clear rules: Interplay of financial reporting and engineering. *The Japanese Accounting Review*, 1: 119–130.

Sunder, S.（2015）Risk in accounting. *Abacus*, 51(4): 536–548.

Sunder, S.（2016）Better financial reporting: Meanings and means. *Journal of Accounting and Public Policy*, 35: 211–223.

Tavakoli, J.（2008）*Structured Finance and Collateralized Debt Obligation*, 2nd edition, Wiley Finance.

Thaler, R. H. and C. R. Sunstein（2008）*Nudge: Improving Decisions About Health, Wealth, and Happiness*. Yale University Press.（遠藤真美訳『実践行動経済学：健康，富，幸福への聡明な選択』日経 BP 社，2009 年。）

The Economist（2005）An end to killing kids, March 2, 2005.

Thoreau, H. D.（1849）'Civil disobedience'. originally published as "resistance to civil government". In *The Writings of Henry David Thoreau*, volume 4: 356, 1906. Houghton Mifflin. Available at: https://www.walden.org/documents/file/library/collections/harding/hardingfindingaidseriesiii.pdf.（飯田実訳『市民の反抗』岩波文庫，1997 年所収。）

United Kingdom Companies Act, 2006.（https://www.legislation.gov.uk/ukpga/2006/46/pdfs/ukpga_20060046_en.pdf, accessed November 1, 2020）.

United Kingdom Data Protection Act, 1998.（https://www.legislation.gov.uk/ukpga/1998/29/contents, November 1, 2020）.

United States House of Representatives（1976）Report of the subcommittee on oversight and investigations of the committee on interstate and foreign commerce（Moss committee）, 94th Congress, second session. *Federal Regulation and Regulatory Reform*.（https://babel.hathitrust.org/cgi/pt?id=mdp.39015001879322&view=1up&seq=5, accessed November 1, 2020）.

United States Senate（1976）Subcommittee on reports, accounting and management, committee on government operations（Metcalf committee）. *The Accounting Establishment*.（https://www.archive.org/stream/accstabl00unit/accstabl00unit_djvu.txt, accessed November 1, 2020）.

United States vs Newman. 773 F.3d 438（2d Cir. 2014）.

Voltaire（1759, 1918.）*Candide*. The Modern Library. Available at: https://www.gutenberg.org/files/19942/19942-h/19942-h.htm, accessed November 1, 2020.

Waymire, G. and S. Basu（2007）Accounting is an evolved economic institution. *Foundations and Trends in Accounting*, 2(1-2): 1-174.

Weinberg, S.（1992）*Dreams of a Final Theory*. Vintage Books.（小尾真彌・加藤正昭訳『究極理論への夢―自然界の最終法則を求めて』ダイヤモンド社，1994 年。）

Wilson, J. Q.（1980）*The Politics of Regulation*. Basic Books Yale University Press.

Zeff, S. A.（1972）*Forging Accounting Principles in Five Countries: A History and An Analysis of Trends*. Stipes Publishing Co.

索　引

【た　行】

──────────【な　行】──────────

──────────【は　行】──────────

著者紹介

シャム・サンダー（Shyam Sunder）

1945 年　インドにて出生

1973 年　カーネギーメロン大学産業経営大学院卒業

1973 年　シカゴ大学経営学大学院准教授

1983 年　ミネソタ大学経営学大学院教授

1988 年　カーネギーメロン大学産業経営大学院教授

2000 年　イェール大学経営大学院教授

現在に至る。

2006–2007 年　アメリカ会計学会会長

2020 年　会計殿堂（Accounting Hall of Fame）入りを果たす。
　　　　　会計学，実験経済学に関する論文多数

監訳者紹介

徳賀　芳弘（とくが　よしひろ）

2002 年　京都大学経済学研究科・経営管理研究部教授

現在に至る。

会計の基礎概念，会計基準の国際的調和に関する論文多数

山地　秀俊（やまじ　ひでとし）

1995 年　神戸大学経済経営研究所教授

2017 年　京都大学経営管理大学院特命教授

現在に至る。

会計学，脳実験会計学に関する論文多数

訳者紹介

工藤　栄一郎（くどう　えいいちろう）　西南学院大学商学部教授

大石　桂一（おおいし　けいいち）　　　九州大学経済学研究院教授

潮﨑　智美（しおさき　ともみ）　　　　九州大学経済学研究院准教授

著者との契約により検印省略

2021年3月31日　初版発行

財務報告の再検討
基準・規範・制度

著　　者　シャム・サンダー
監　訳　者　徳　賀　芳　弘
　　　　　　山　地　秀　俊
訳　　者　工　藤　栄一郎
　　　　　　大　石　桂　一
　　　　　　潮　﨑　智　美
発　行　者　大　坪　克　行
印　刷　所　美研プリンティング株式会社
製　本　所　牧製本印刷株式会社

発　行　所　東京都新宿区　株式　税務経理協会
　　　　　　下落合2丁目5番13号　会社

郵便番号 161-0033　振替 00190-2-187408　電話 (03) 3953-3301 (編 集 部)
　　　　　　　　　FAX (03) 3565-3391　　　(03) 3953-3325 (営 業 部)
URL　http://www.zeikei.co.jp/
乱丁・落丁の場合はお取替えいたします。

JCOPY ＜出版者著作権管理機構 委託出版物＞
ISBN978-4-419-06793-9　C3034